記憶のデザイン

山本貴光
Yamamoto Takamitsu

筑摩選書

記憶のデザイン　目次

はじめに　10

序章　記憶の現在　20

0-1　かつてない速さで記憶が書き換えられる時代　20
0-2　検索すればＯＫ　31
0-3　フェイクフルネス　32
0-4　記憶のウェルビーイング　35
コラム1　インターネット　21／コラム2　情報環境　29

第1章　検索すればＯＫか　38

1-1　『イノセンス』　38
1-2　脳からネット検索　41
1-3　検索の条件（ケース1）　46
1-4　検索の条件（ケース2）　56
1-5　検索すればＯＫ？　61

1-6　外部記憶は記憶か　73

コラム3　ネットにダイヴする　43／コラム4　機械翻訳　65／

コラム5　検索の限界　75

第2章　四つのエコロジー　78

2-1　エコロジー　78

2-2　三つのエコロジー　82

2-3　第四のエコロジー　87

コラム6　人工知能　89

第3章　記憶と自然　93

3-1　記憶の土台となる自然　94

3-2　記憶の神経的基盤　98

第4章　記憶と社会　102

4-1　共同の記憶と争い　105

4-2 教育による記憶の共有 108

4-3 アイデンティティ 113

第5章 記憶と技術 120

5-1 完全な記憶 120

5-2 フィルターバブル 124

5-3 コンピュータ環境がもたらすもの 126

コラム7 交換記憶 131

第6章 記憶と精神 133

6-1 記銘 135

6-2 想起 138

6-3 人生の記憶 142

6-4 虚構と事実の区別 144

第7章 記憶のデザイン 147

7−1 記憶術 150
7−2 ミモフタモナイ案 153
7−3 記憶をデザインする？ 158
7−4 ビオトープをつくる 164
7−5 モノとしての本 168
7−6 モノとしての本による環境 175
7−7 コンピュータによる環境 186
7−8 知識OSの構想 199
7−9 知識アトラス 211
コラム8 制御できること／できないこと 148
終　章 **記憶の未来** 217
おわりに 220

記憶のデザイン

はじめに

本書は『記憶のデザイン』と題されている。記憶に関するエッセイである。

ここでエッセイとは、「試論」というくらいの意味だ。つまり、あるテーマについて、試しにあれこれ考えてみたその過程や結果を書いて、これを読む人にも考える材料をご提供しようという趣向である。思考の散歩とでも言おうか。では、なにを試しに考えてみるのか。はじめにそのことを明らかにしておこう。

まず、タイトルがタイトルだけに、あり得る誤解を退けたい。

本書は、物覚えをよくするための記憶術を伝授する本ではない。

例えば、Amazon.co.jpを「記憶」という言葉で検索すると、記憶術に関するハウトゥ本が山ほど出てくる。ものをよく記憶したいという関心は、どうもいまに始まったことではないようだ。そのつもりで歴史を眺めれば、少なくとも二千数百年前ころから、人はどうしたらもっとよくものを覚えられるかという記憶術に興味を持ってきた様子が目に入る。その目的は、時代や文化によって違うとはいえ、よく記憶するということへの興味が続いているわけだ。それだけに本書のタイトルを見て、そうした記憶術の最新版かと期待される向きがあるかもしれない。このエッセイは、残念ながらそうした期待にお応えするものではない。

また、この本は、記憶にかんする学術研究の最新事情をお伝えするものでもない。記憶については心理学や認知科学、神経科学、分子生物学、哲学、歴史学、社会学などの諸領域において研究が続けられている。そこでは数々の興味深い事実が明らかにされており、またそうした発見にいたるエピソードには面白いものがたくさんある。ただ、そうしたことについては優れた専門書やポピュラーサイエンスの本があり、私の出る幕ではない。

それではなにをしようというのか。他に記憶について考えるべきことがあるだろうか。

*

私はかねてから、コンピュータという道具を、もっと自分の記憶を助けるものにできるのではないかと考えてきた。裏返していえば、現在のコンピュータには、そうした側面がすっぽり抜け落ちていると感じている。

こういう話は、人それぞれの経験によるところもある。そこで少し私事を述べてみる。私自身は、一九八〇年代前半からコンピュータを使っており、かれこれ三〇年以上のつきあいだ。ポケットコンピュータからはじまって、各種のパソコン、ワークステーション、ノートＰＣ、タブレットＰＣなど、その時々にいろいろなものを使ってきた。既製のソフトウェアを使ったり、必要に応じて自分で作ったりしてきた。とりわけインターネットが一般に普及し始めた一九九五年以降、ネット上に各種のデータが蓄積されるにつれて、コンピュータという道具は人間の身の丈に合わないものになってきたように感じている。どういうことか。詳しくは本文で述べることにして手短に説明しよう。主に二点ある。

パソコンやスマートフォンを使って、ネット上の厖大なデータにアクセスすることができるようになって久しい。こうしているいまも時々刻々膨張し続けるネットに対して、私たちは検索をかけて、そのつど自分に必要な情報を絞り込んでいる。大変便利な一方で、そこには虚実も定かでない情報も多く、検索結果から信頼できるものを選ぶ必要がある。

これが近所のおいしいラーメン屋を探すようなことならあまり問題はない（誰かのブログを読んで行ってみたら口に合わなかったという問題は生じるかもしれない）。だが、健康に関わる医療情報ではそういうわけにもいかない。最悪の場合、情報の選択が命にも関わりかねないからだ。とはいえ、適切な情報を選ぶためには、選ぶ人にも判断材料となる知識と思考が必要である。

二〇一六年に日本で起きたＷＥＬＱ騒動をご記憶だろうか。ＤｅＮＡが運営する「ＷＥＬＱ」という医療情報サイトがあった。ウェブメディアでは、しばしばページヴュー（閲覧数）を重視する。閲覧者が多ければ、自分のサイトで表示する広告を見る人が増えたり、商品を買ったりする人が増える可能性があるためだ。要するに収益の増大を目的としている（それ自体は問題ではない）。

そこで、なるべく多くの人の目に留まるようにするために、Google検索で検索結果の上位に表示されるようにする対策が行われる。これをＳＥＯ（Search Engine Optimization）という。自分のウェブサイトを、検索エンジンの仕組みに対して最適化するという意味だ。

ＷＥＬＱでも、健康、医療などの検索結果の上位に表示されるためのＳＥＯを行っていたと考えられる。一時期は医療や病気にかんする言葉で検索すると、結果の上位にＷＥＬＱの記事が並ぶ状態になっていた。

ここまでなら問題はなかったのだが、同サイトの記事には、誰が書いたか分からない真偽の怪しい記事や誤った知識も掲載されていた。医療に関する情報だけに、その真偽を判断する知識をもたない読者が、記事を信じてしまう危険がある。

こうした一連の経緯と問題点については、この問題に早い段階で気づいて報じた朽木誠一郎による著書『健康を食い物にするメディアたち　ネット時代の医療情報との付き合い方』（BuzzFeed Japan Book、ディスカヴァー・トゥエンティワン、二〇一八）に詳しい。朽木は、大学で医学を学び、ウェブメディアの仕組みにも通じていたため、この双方にまたがる問題に気づくことができたのだった。

　こうした医療情報に限らず、私たちは、厖大かつ多様な情報を前にして、それらの妥当性を判断するための知識や判断力を持っているだろうか。もちろん誰しも森羅万象に通じているわけではない。ある領域の専門家が、それ以外のことについて不正確な発言をする場面を目にすることも少なくない。それまで学んでいないこと、過去にトレーニングしていないことについては、適切に判断できない可能性もある。言ってしまえば、そうした覚束ない状態で私たちは日々ネットを通じて情報に接している。見ようによっては、これは結構剣呑である。これが第一点。

　もう一点は、コンピュータと人間の関係について。個人が使うコンピュータは、いまでは数千数万という量のファイルを保存したり扱ったりできるようになっている。[★1]私も数万規模のファイルを持っている。たしかに現在のコンピュータは、そうした大量のファイルを保存して、必要に応じて使える状態を提供してくれる。ただし、人間の側はそうもいかない。

私の経験からいうと、数百という規模であれば、繰り返し使っているうちにどこになにがあるかも把握できる。だが、桁がもう一つ増えるとそうはいかない。

なぜか。理由はいろいろ考えられる。

第一に、コンピュータでは、利用者が意識して命令しない限り、ファイルは見えない状態にある。多くの場合、ほとんどのファイルは画面に表示されない場所にある。記憶装置のどこかに保存されており、画面に表示されているデスクトップのような場所からは隠れている。

また、パソコンを使っているとき、常に目にするデスクトップのような画面にファイルを置けるだけ置いておくようにしても限度がある。そして人は、見えない場所に置かれたファイルのことを簡単に忘れてしまう。やがてどこになにがあるのかも分からなくなる。

★1——本書では、パーソナルコンピュータ（パソコン）やスマートフォン、タブレットPCなどをひっくるめて「コンピュータ」と呼ぶことにする。特に区別が必要な場合は、そのつど明記する。また、インターネット普及以前でも、理屈の上ではパソコン上で数万規模のファイルを扱うことはできた。だが、コンピュータの処理速度やファイルを保存したり読み出したりする記憶装置の容量や性能などの限界もあって、実際には個人がその規模でファイルを扱うことは稀だったと思われる。現在は、パソコンや記憶装置の処理速度も向上しており、また、インターネットを通じて大量のファイルを入手するのも容易である。ついでながら「ファイル」とは、コンピュータで扱われるデータの塊のこと。現実世界の文書をファイル単位で扱うのになぞらえて、データの塊をファイルと呼び、それぞれのファイルに名前をつけて区別できるようにしてある。

もう一つ心当たりを挙げるなら、ファイルの見た目にも原因がある。ファイルは利用者が見分けられるように、コンピュータの画面上ではアイコン（小さな画像）で表現される。メールやチャット、ブラウザ、英和辞書といったアプリ[★2]なら、一つひとつ、見た目も違うアイコンとしてデザインされているので、ぱっと見で区別もできる。

他方で、テキストファイルのアイコンは、すべて共通の同じアイコンであることが多い。画像としては同じで、文字で添えられた名称が違っている。つまり、名称で区別することになる。例えば、一つの場所にテキストファイルが百個並んでいるとする。アイコンとしては見た目の同じものが百個並ぶ。ただし、それぞれのファイルの名前を示す文字列は違う。そういう状態だ。たとえるなら、ちくま新書や岩波新書、中公新書のように、フォーマットの統一された新書がたくさん並んでいるようなもの。遠くからは見分けがつかず、よく見ると書名や著者名が違うという状態である。コンピュータの画面には、そうした見た目で区別しづらいファイルやフォルダが並ぶので、どこになにがあるかをぱっと見で把握するのは難しい。

では、こんなふうに、記憶装置のどこかにあって見える場所にないファイル、ぱっと見では違いが分かりづらいファイルを、私たちはどう扱っているか。コンピュータのスイッチを入れる。然るべき保存場所を特定して、その場所（フォルダなど）を画面に表示させるように命令・操作する必要がある。

　例えば、電子書籍を読むアプリを使っている人なら、自分の電子書籍コレクションから読みたい本やマンガを表示させるまで、どのような操作が必要かを思い出してみるとよい。目的のファイルを探して呼び出すまで画面には表示されないというコンピュータの性質は、利用者である人間と少々折り合いが悪いように思うがどうだろう。

　少し角度を変えて、もう一つ例を挙げてみよう。

　私はかつてコレクションしていた音楽のＣＤや映画のＤＶＤを、あるときすべてコンピュータにコピーして、処分したことがある。そうすれば、ＣＤやＤＶＤがモノとして場所をとることもなくなって、とてもすっきりすると考えたのだった。

★2――スマートフォンの普及後、「アプリ」という表現が一般化したように思う。アプリとは、アプリケーションソフトウェアの略称。アプリケーションは、訳せば「応用」のこと。応用ソフトウェアだ。いったいなにが応用なのか。応用があるからには、応用以前の基本がある。コンピュータの場合、ＯＳと呼ばれるソフトウェアを、場合によって「基本ソフトウェア」と呼んだりもする。ＯＳとは、オペレーティングシステム（Operating System）の略称で、コンピュータの利用に必要な、画面にものを表示したり、キーボードやタッチパネルやマウスから操作したり、外部と通信したりする、基本的な機能を使えるようにするソフトのこと。Windowsや macOS、LINUXといったパソコン用のＯＳ、あるいはiOSやAndroidといったスマートフォン用のＯＳなどがある。アプリケーションソフトウェアは、こうした基本ソフトウェアであるＯＳの上で動くように設計されている。そのため、iOS用のアプリはAndroidでは動かない、といった違いも生じるわけである。よく耳にするようになった言葉であるわりに、必ずしも理解されていないかもしれないので簡単に説明してみた。

たしかに何千枚かのＣＤや何百枚かのＤＶＤが部屋からなくなって、空間はすっきりした。だが結果的にどうなったか。所有しているアルバムや映画のタイトルを把握できなくなってしまった。以前なら、パッケージが棚に並んでいたので、仮に覚えていないとしても、すぐ目にすることができた。また、ジャンルごと、ミュージシャンごと、あるいは監督ごとに並べていたので、その棚さえ見れば、「そうそう、クレージーキャッツのベスト盤は二枚あって、こっちはあの曲が入っていたな」ということも労せず思い出せた。コンピュータの記憶装置にしまいこんでから、そうした土地勘のようなものが失われたことに気づいたものの、これはもう、絵に描いたような後の祭りである。

　そんなことを覚えておいてなんになるの、という考え方もあると思う。現在なら、ネット上の各種サーヴィスで、そのつど聴きたいものを検索できるし、なんならレコメンド・システムがおすすめしてくるものを聴けばよいのだから。その気持ちも分かる。他方で、音楽なら音楽にかんして、自分の記憶のなかにある程度マップを持っておきたいとも思うので、持っているアルバムを把握できないのは、いささか困ってしまうのである。

　これはほんの一例だが、コンピュータとインターネットによって実現され、日々更新されつつある情報環境は、どうも人間の身の丈に合っていないのではないかという気がしている。とりわけ、記憶という点については。これが私の疑問である。

そして、長年コンピュータとつきあい、ゲームを中心とするソフトウェアをつくってきた立場から、こうも思う。アイデアさえあれば、コンピュータをもっと人間の記憶に資する道具にもできるのではないか。「人間の」とは、いささかおこがましいかもしれない。そう、私の希望はもう少しささやかだ。コンピュータをもっと自分の記憶に役立つ道具にできるのではないか。できればそのようなソフトウェアを設計・開発して使いたい。こう考えている。

＊

これでいくらか見えてきただろうか。この本で考えてみたいのは、厖大な情報を扱えるようになった現在の情報環境と、それを使う人間の、とりわけ記憶とのあいだに、よりよい関係を結ぶような仕組みをつくれないか、という課題である。言い換えれば、現在の情報環境を前提として、自分の記憶をよりよく世話するためにはなにができるか、という課題である。これを手短に「記憶のデザイン」プロジェクトと勝手に名付けている。より具体的な目標としては、「知識ＯＳ」を開発して使いたい。これについては本文でお話ししよう。

言ってしまえば、もともと私自身のための課題だが、同じような関心をお持ちの方もいるかもしれないと思い、本のかたちで公開する次第である。

序章

記憶の現在

本論に入る前に、もう少し、情報環境と記憶の関係について私の見立てをお伝えしよう。三つほど、問題を提示してみる。

0－1　かつてない速さで記憶が書き換えられる時代

見ようによっては、私たちはいま、かつてない速さで記憶が書き換えられる時代を生きている。

例えば、インターネットが普及する以前の世界では、ニュースは一日に二度、朝晩に配達される新聞や、テレビ・ラジオのニュース番組で流されるものだった。

いまはどうか。

新聞やテレビやラジオに加えて、ネット上の各種ウェブサイトやＳＮＳで時々刻々と報じられるようになって久しい（コラム「インターネット」を参照）。その気になれば国内だけでなく、世界の諸国諸地域における出来事も知ることができる。一日に数度更新される状態から、リアルタイムの更新へという変化だ。

しかも、テレビやラジオのように、限られた数のチャンネルだけでなく、個人や各種の組織もそれぞれが、ＳＮＳや動画などによって情報を発信している。また、人によっては一日のうちに何度も、携帯端末などを手にしてＳＮＳを見たり投稿したりしている。少し大袈裟に言えば、人類の歴史上、こんなにも、人びとがのべつ幕なしに文字や画像をやりとりしたりする時代はなかった。

コラム1　インターネット

インターネット（ネット）やウェブ、ＳＮＳなどについて、必ずしも馴染みのない人のために、ここで簡単に説明しておこう。基礎的な仕組みを理解している人は以下を読まなくても差し支えない。

「インターネット」とは、コンピュータネットワークの集合のこと。複数のコンピュータ同士を、有線・無線で互いに接続し、通信しあえる状態にしたものをネットワークと呼ぶ。ある建物内のコンピュータだけを相互に接続すれば、これはローカルネットワーク（ＬＡＮ）と呼ばれる。局所的なコンピュータネットワークのことだ。

　こうしたＬＡＮ同士を接続してゆくと、結果的に世界中のＬＡＮを相互に接続した状態をつくることができる。インターネットとは、複数のコンピュータネットワークを互いに（inter）接続させたものを指す。

　では、インターネットを使うとはどういうことか。自分の手元のコンピュータ（スマートフォンもコンピュータの一種）から、ネットワークを通じてよそのコンピュータに保存されているデータを閲覧したりコピーしたりすることである。

　例えば、インターネット上で映画を配信するサーヴィスを使って映画を観る場合、手元のコンピュータから、その映画を配信するコンピュータにアクセスして、そこに保存されている映画のデータを自分のコンピュータに送ってもらうわけである。

　また、「ウェブ」とは、正式名称を「ワールドワイドウェブ（World Wide Web）」という。インターネット上でコンピュータ同士を通信させる方式の一つで、現在広く普及している。

　ウェブは、ページという単位でデータを扱う。例えば、あるお店のウェブがあるとしよう。人びとが最初に訪れる入口のようなページを「ホームページ」という。他にも、お店の概要を説明する「お店について」のページ、商品の一覧を提示する「商品」ページ、お客さんからの問い合わせを受け付ける「お問い合わせ」ページなどがあるとする。

多くの場合、ホームページから他のページへ移動できるようにしてあるので、これを「インデックスページ（索引ページ）」とも呼ぶ。そして、こうしたページの集合を「ウェブサイト」という。

　それぞれのウェブサイトには、ＵＲＬと呼ばれる住所のようなものが設定されている。ＵＲＬは「ユニフォームリソースロケーター（Uniform Resource Locator）」の略称で、そのウェブサイト（リソース＝資源）がインターネット上のどこに位置（ロケート）するかを統一的（ユニフォーム）に示すものというほどの意味。例えば、筑摩書房のウェブサイトのＵＲＬはhttp://www.chikumashobo.co.jp/である。

　ウェブを閲覧するためのソフトウェアを「ウェブブラウザ」とか「ブラウザ」（閲覧するものという意味）といって、ブラウザのＵＲＬ欄にこの住所を入力すれば、筑摩書房のウェブサイトにアクセスできるわけである。ウェブサイトは、しばしば「ホームページ」とも呼ばれるが、ホームページの元来の意味は右に述べた通り。ブラウザには、さまざまな団体が開発したものがある。具体的にはChrome、Safari、Firefox、Microsoft Edge他多数。

　最後にＳＮＳについて説明しよう。ＳＮＳとは、ソーシャルネットワーキングサーヴィス（Social Networking Service）の略称で、ウェブサイトの一種だ。

　ソーシャルネットワーキングとは、人びとがやりとりする場というほどの意味。代表的なものにTwitterやFacebook、Instagram、ＬＩＮＥ、TikTokなどがある。

　どのようなやりとりができるかは、サーヴィスごとに違う。例えば、Twitterなら利用者は、一四〇字以内のテキストや画像・動画などを投稿できる（Twitterでは投稿をツイートと呼ぶ）。また、他の利用者をフォローすることで、その人たちの投稿も見ることができる。あるいは、他の利用者に向けて投稿もできる。人によっては数万人、数十万人規模の人からフォローされている。つまり、その人がツイートすると、フォローしている数万人、数十万人の人たちの画面にそのツイートが表示されるわけである。
同じように、Instagramなら写真を、TikTokなら動画を投稿しあう。SNSの利用者には、個人もいれば、企業や自治体などの組織もいる。また、テレビやラジオ、新聞や雑誌のように決まった時間に配信されるメディアと違って、SNSでは個々の利用者が二四時間いつでも投稿している。

といっても、強制されているわけではない。スマートフォンを携帯して、誰かとチャットでやりとりしたり、ネットを閲覧したりしなければ、目にする情報量は、ネット以前とあまり変わらないかもしれない。

他方で、日に何度もネットで調べ物をしたり、各種の通信をしたりする人にとって、一日に接する情報量は格段に増えている。使い方は人それぞれだが、現在はそのようなこともできる情報環境が実現している。そして耳目にする情報量が増えれば、記憶にもなにがしかの影響があると考えられる。

例えば、ネットでこれほどいろいろなことを調べられるようになる以前は、言葉の意味を知りたかったら、誰かに聞くか辞書を引くしかなかった。必要な辞書が手元にあればすぐ引けるが、そうでなければ辞書を揃えている図書館に足を運ぶ必要もある。

いまではネット上の各種辞書サーヴィスを使えば、一度に何十もの辞書・事典をまとめて調べて、読み比べることもできる。その一つにJapanKnowledgeという辞書サイトがある。[★1] 有料の会員制サーヴィスで、多種多様な辞書・事典を横断的に検索できる。例えば、日本語について歴史的な用例を教えてくれる『日本国語大辞典』（小学館）などは、本として刊行されていたものをベースに、JapanKnowledge版ではさらに更新されていて、とても便利だ。

私は、文筆・創作・教師という仕事柄もあって、毎日のようにこのサイトで何十回となく検索をかけている。もともと辞書・事典が好きで、ネット以前の時代にも紙の辞書・事典を使って調べ物をしていたが、そのやり方では調べられる量も知れている。JapanKnowledgeを使い始めてから、辞書・事典を引いて読む頻度は以前の何倍も多くなり、結果的にそうして読む文字の量も格段に増えた。どうしてそうなったのか。少ない手間ですぐ調べられるからだ。

もちろんそのようにして目にした辞書や事典の文章がそのまま記憶に残るわけではない。これは特に翻訳しているときに痛感する。同じ単語を何度も繰り返し引いて読む。一度調べ

★1――JapanKnowledgeは、ネットアドバンスが運営するウェブサーヴィス。二〇〇一年にサーヴィスを開始している。https://japanknowledge.com

て覚えられれば、そんなことをする必要はないはず。だが、実際にはそうもいかない。自分でも「この単語、さっきも引いたよね……」と少し情けないような気分にもなる。とはいえ、あやふやな記憶で訳すわけにはいかないので、気になったら何度でも引く。そんなふうにして、繰り返し同じ語を調べて読み直すうちに、やがて記憶されたりもする。

　ただし、そうなった後でも、可能な限り引き直す。なぜなら、辞書の説明や例文を丸ごと覚えているわけではなく、見直すたびに発見もあるからだ。また、以前読んだ項目の内容を思い出せない場合でも、再訪すると「あ、これは前にも読んだな」と思い出しもする。つまり、文章そのものは記憶していなくても、それを読んだという記憶は残る。

　こんなふうに、少なくとも、ネットで調べ物できるようになる以前と比べて、調べ、読み、記憶する、というサイクルを、より速くより多く経験するようになっている。

　もう少し身近な例として、誰かとメールやチャットで文字や画像（絵文字やスタンプ、写真なども含む）を送りあったりする場面はどうだろう。

　かつての手紙と固定電話の時代には考えられないほど、私たちは他人とたくさんの言葉を交わしている。定量的に調べたわけではないが、ネット普及以前の世界で、離れた場所にいる他人とこれほどたくさんの言葉を交わす機会は、たまの長電話か手紙くらいしかなかった。

　こうしたメールやチャットも、自分が書き送った言葉や誰かから送られてきた言葉をそのまま記憶しているわけではない。そうする必要もない。だが、そうしたやりとりをしなかったら、一時的にであれやりとりの内容が記憶に残ることもないし、「前にあの人とこんなやりとりをした」という記憶も生じないはずだ。日々たくさんのやりとりをしている人の脳裡には、かつてそんなことをしていなかった時代と比べて、随分とめまぐるしく記憶の変化が生じているのではないか。

Twitter や Facebook や Instagram をはじめとするＳＮＳを見る人は、やはりそんなことでもなかったら、けっして目にすることのなかった他人のつぶやきや近況や写真を見ることになる。一日に、どれほどの投稿を見るかは人によって違うだろうけれど、例えば仮に数十から数百としても、それだけの断片的な情報を目から入れているわけである。ことに不特定多数が投稿するＳＮＳの場合、それぞれの人の投稿は基本的に互いに無関係で、同じ人物の投稿も、そのつどバラバラであることも少なくない。

これは私の場合だが、この文章を書いている時点で、Twitter では七千アカウントをフォローしている。この量になると、Twitter の画面を見ているわずかなあいだにも、新たな投稿が数百数千となされるので、とてもではないがすべてを見切れない。激しい川の流れのようにつぎつぎと互いに関係のない断片が流れ去ってゆく。すべての投稿を見るのははじめから断念しており、たまさか見にいったとき、目に入る投稿を眺めている。こうしたＳＮＳの特徴は、見るたび変化し続けている点にある。そのつど人びとが投稿したものが目に入るのだから当然といえば当然だが、もう一度言えば、かつてこのような形で他人の文章や写真や動画を目にする機会はなかった。そのように耳目にするものも、一時的に、もしくは長期的に記憶されるわけである。

先ほど「かつてない速さで記憶が書き換えられる時代」と述べたのは、あらまし以上のようなインターネットを通じた経験を念頭に置いてのことだった。果たしてこうした情報環境は、私たちの記憶になにをもたらしているだろうか。残念ながら、いまのところ、この課題に対して明確な答えはないようだ。

インターネットの利用が人の認知や記憶にどのような影響を与えているかについての研究は行われている。ただし、人の頭のなかの出来事であり、外から観察しづらいという事《こと》の性質からして、できることも限られており、研究も困難を極める。また、そうした研究にとって基礎となる人間の記憶の仕組みについても、百年前と比べれば明らかになってきたことも少なくないが、いまだ解明の途上にある。

例えば、ネットで日々大量のツイートや画像を目にすることや、のべつ幕なしにチャットを交わすことは、私たちの記憶にどのような影響を与えているのか。それが明らかになるのは、これからのことだ。

だからといって、なにも分からないわけではない。事実として何が生じているのか、そこではどのような影響がありうると考えられるのか。こうした点について、経験や実感に基づいて検討してみることはできる。不十分にしか分からないとしても、将来の調査や研究によって明らかになることがあれば、その知見に基づいて書き換えてゆけばよい。

コラム2　情報環境

ITという言葉がある。Information Technology の略で「情報技術」と訳される。広くは情報を扱う技術全般を指すが、多くの場合、コンピュータとネットワークの技術を意味する。

コンピュータを使うことをかつては「情報処理」とも言った。コンピュータは「情報」を扱う装置という見立てである。しかしこの「情報」という言葉も、文脈によって意味がいろいろなため、なかなか厄介だ。

日本語としては、例によってと言うべきか、明治期にヨーロッパ諸言語の言葉を翻訳するために造られた。詳細は小野厚夫「情報という言葉を尋ねて」という一連の論考に詳しい。同論によれば、日本語として初めて使われたのは、一八七六年にフランス語の兵書を翻訳したものだという。そこではフランス語のrenseignementが、敵の情状の報知という意味で使われていた。[*1] 他にも「情況を探りて報知すること」(『新式以呂波引節用辞典』、明治三八年)とか「事情のしらせ」(『辞林』、明治四四年)といった辞書の用例もある。[*2] つまり、敵陣なりある場所の情況がどうなっているかを知らせることを「情報」と称していたわけである。

二〇世紀半ばになると、インフォメーションセオリー（情報理論）の出現とともに、「情報」はinformationの訳語としても使われるようになる。[*3] これが現在私たちの知る「情報」の用例である。情報理論は、通信（コミュニケーション）を定量的に捉えるための考え方で、そこで伝えられる内容ではなく、あくまでも情報量を捉える枠組みだった。[*4]

私としては、コンピュータが装置として扱っているのは「データ」であり、それを人間が見聞きして受けとったとき「情報」になると見ておきたい。コンピュータでは、文章も画像も音も映像もプログラムも、内部ではすべて電気信号として扱われている。電気信号そのままでは人間に扱いづらいので、これを0と1という二つの数字（電気信号のオフ／オン）で表す。いわゆる二進数だ。いったんそのように数値に置き換えられれば、あとは場合によって扱いやすいように、十進数や十六進数などに変換すればよい。

いずれにしても、コンピュータ内部ではものごとは電気信号として扱われており、それを人間からは数字として見えるようにつくってある。この状態においては、コンピュータ内部に保存されたり、処理されたりするものは数字の塊に過ぎない。

データとは、「与えられたもの」「提示されたもの」という意味のラテン語dataに由来する言葉。データを材料として、そこに人間が意味を与えたものが情報というのが、私の見立てである。

先に述べた「情報技術」や「情報処理」という言葉は、そういう観点からすれば「データ技術」や「データ処理」と言いたいところだが、すでに普及していることもあるので、ここでも使うことにしている。前置きが長くなったが、「情報環境」とは、そうした情報技術が、私たちを取り巻く環境になっている、というほどの意味である。

*1——小野厚夫「情報という言葉を尋ねて」(全三回、『情報処理』第四六巻第四号から第六号、二〇〇五)。後に『情報ということば——その来歴と意味内容』(冨山房インターナショナル、二〇一六)としてまとめられている。

*2——以上は、惣郷正明+飛田良文編『明治のことば辞典』、東京堂出版、一九八六の「じょうほう」の項目より。

*3——前掲、小野厚夫「情報という言葉を尋ねて(3)」で、「情報理論」「情報処理」「情報科学」「情報産業」「情報社会」といった用例についても検討されている。

*4——情報理論については、クロード・E・シャノンとワレン・ウィーバーの『通信の数学的理論』(植松友彦訳、ちくま学芸文庫、筑摩書房、二〇〇九)を参照されたい。

0-2 検索すればOK

私はこれまで、「ググれば分かるから、いちいちものを覚えなくてよくなった」と目の前で誰かが言うのを何度も耳にしてきた[★2]。つまり、なにか知りたいことがあれば、そのつど検索すればよいのだから、わざわざ記憶しておかなくてもよい、というわけである。実際のと

★2——「ググる」とは、Google社が提供するインターネットの検索サーヴィスで検索することを指す。

ころ、この主張はどこまで妥当だろうか。あなたはどう考えるだろうか。

たしかに現在は、なにか知りたいことがあれば、ネットで検索できる。電車やバスの乗り換え、行き先の地図、ゲームの攻略法、言葉の意味、料理のレシピ、ゴミの分別の仕方、勉強法、欲しい商品の在庫状況や値段、確定申告の手続き法など、知りたいことがあれば、とりあえずはネットで検索してみればよい。また、その場の用が足りれば、記憶に留めなくてよいこともある。そういう意味では、検索すれば分かることをいちいち記憶していなくてもよいと言えそうだ。


他方で、この主張には限界もある。「検索すれば分かることは記憶しなくてもよい」という主張が成り立つ場合と、成り立たない場合がある。詳しくは後ほど検討するが、私の見るところでは、検索には或る限界がある。そしてその限界は、私たちの記憶のあり方を考えるうえで重要な手がかりを与えてくれるはずだ。

0-3　フェイクフルネス

現在は、フェイクニュースによる記憶の汚染がかつてない規模で生じる時代でもある。

フェイクニュースとは、事実に反する嘘のニュース、虚偽の報道を指す。これはネット普及以前からあったが、ネットによって拡散する規模と速さが格段に大きくなっている。Twitterなどでも、しばしばフェイクニュースがたくさんの人によって拡散されることがある。真偽を確認せず、目にしたツイートを拡散してしまう人が続出すると、虚偽がそれだけ多くの人の目に触れて、さらなる誤解を引き起こす可能性がある。

あるいはディープフェイクといって、あたかも実際に撮影された映像のように見せかけたつくりものの映像もある。こうした映像は、ディープラーニングという人工知能の技術を用いて生成されることから、ディープフェイクと呼ばれるようになった。

例えば、一国の大統領や首相が、とんでもない差別発言をしている映像がネット上で流れる。これを見た人が、「ああ、いかにも言いそうなことだ……」と、本当になされた発言だと信じ込む。だが、それはコンピュータで生成された偽物の動画だった、ということが起きうる。いま、こうした各種の虚偽のニュースや映像をまとめて「フェイクコンテンツ」と呼んでおくことにしよう。表現手段が文章か写真か音声か動画かを問わず、虚偽の内容をもつものというほどの意味だ。

フェイクコンテンツは、なにもインターネットの時代に始まったものではない。各種の記録を見る限りでも、人は古来嘘をついてきたし、いつの時代も偽情報がつくられ、共有されてきた。[★3]

ただ、コンピュータが高性能化し、そこで動かせるアルゴリズムも高度化したために、さまざまなフェイクコンテンツを機械的につくれるようになった[★4]。また、インターネットの普及によって、それらが人びとのあいだで共有される機会もかつてとは比べものにならないほど増えている。

端的にいえば、インターネットとは、互いに離れた場所にあるコンピュータ同士でなんらかのデータを共有するための仕組みだ。そこで共有されるデータや情報のなかには、事実を表したものもあれば、虚偽も含まれている。また、その他に虚構《フイクシヨン》の創作物もある。そして、これらがさまざまな経路によって人びとのあいだで共有される。インターネットは、虚々実々を共有・拡散する仕組みでもあるのだ。それはネットに限ったことではない。テレビ・ラジオ・新聞・雑誌・本でも、虚々実々は共有・拡散されてきた。ただ、ネットでは輪を掛けて拡散する可能性がある。広がる規模と速さが従来のメディア以上に大きい。

こういう情報環境を利用する私たちは、もし騙されたくなければ、虚実を適切に見分ける必要がある。さもなければ、頭の中がファクトフルネスならぬ、フェイクフルネスにもなりかねない。例えば、Twitter でいかにも事実のようなニュースを目にした。では、そのツイートの内容は事実なのか、虚偽なのか。どのように見分けられるだろうか。それはひとえに、自分の記憶のあり方にかかっている。

0-4 記憶のウェルビーイング

以上、現在私たちが置かれている情報環境で生じている三つの状況を挙げてみた。

①記憶がつぎつぎと書き換えられる情報環境でどうするか
②知りたいことは、ネットで検索できるので記憶しなくてもよいか
③フェイクコンテンツが溢れる中で、情報の真偽をいかに見分けられるか

これらはいずれも記憶のあり方に関わる。もちろん、とりたてこれらのことに問題を感じ

★3――例えば、トム・フィリップス『とてつもない嘘の世界史』（禰宜田亜希訳、河出書房新社、二〇二〇）〔Tom Phillips, *Truth: A Brief History of Total Bullsh*t*, Wildfire, 2019〕は、フェイクニュースが現代だけのものではないことを教えてくれる。

★4――アルゴリズムとは、コンピュータを使って、なんらかの問題を解決する手順のこと。コンピュータになにか作業をさせる場合、命令を一つずつ積み重ねてゆく。例えば、コンピュータに日本語を英語に翻訳させるには、どのような命令をどのような順で実行させればよいか。コンピュータが人間に勝てるくらい「将棋」を指せるようにするには、どのような命令をどのように実行させればよいか。こうしたなんらかの問題の解決手順をアルゴリズムと呼ぶ。もとは数学で問題を解決する手順を指す言葉で、アルフワーリズミーという数学者の名前に由来する。

なければそのままでよい。私自身は、なんとかできるものなら、もう少し自分なりに対処したいものだと考えている。

②と③は個々の人だけでなく、社会にも関わる。例えば、②は教育で何をどう教えるか、記憶させるかという点に関わる。ネット検索でなんでも済むなら、たしかにわざわざものを憶えなくてよい。それでも学校で子供たちに何かを記憶させるとしたら、それは何かという課題がある。

教育は③にも関わるだろう。健康にかんする情報に接して、その真偽を区別するのに必要な知識をもたなかったり、自分で区別できない場合にどうしたらよいかを知らなかったりすれば、現実に被害が出ることもある。歴史や科学や法律の知識を無視したデマが拡散して、特定の人に謂《い》われのない非難や差別的なもののいいが集中するということも現に起きている。

こう考えると、右に述べた記憶をめぐる状況も、あながち他人事ではないと感じられてくるのではないだろうか。この課題を、こうまとめておこう。

現在の情報環境とそれが私たちにもたらす影響を踏まえて、私たちは自分の記憶をどのようにデザインできるだろうか。どのように記憶のあり方を世話すれば、幸せな生き方、ウェルビーイングに資するだろうか。

ウェルビーイングとは「良好な状態」という意味だ。もちろんなにが良好であるかは、人それぞれという面もある。ここでは「あるべき状態」を押し付けようというわけではない。仮に、右に述べたような現状に問題を感じる人がいるとすれば、記憶についてウェルビーイングが邪魔されている状態にあると言える。どうしたら、これを良好な状態にできるか。これが本書で考えてみたい課題である。

なにをどこまで解決・解消できるかは、私たち次第である。ここでは、もっぱら個人としてなにができるかということを考えてみるつもりだ。

第1章

検索すればOKか

1―1　『イノセンス』

序章で述べた課題について、具体的に考えてみよう。まず、知りたいことがあれば、いつでもネットで検索すればよいから、わざわざ知識を覚える必要はない、という主張について検討してみる。

その手がかりとして、押井守監督によるアニメーション『イノセンス』（二〇〇四）をお借りする。というのも同作には、私たちが置かれた情報環境とそこで生じうることについて考えるためのうってつけの材料があるからだ。

ご覧になっていない人もいると思うので、はじめに概要を説明しよう。といっても、映画のストーリー全体には触れない。いわゆるネタバレを警戒する向きもご安心いただきたい。ここで必要なのは、映画のなかで何気なく描かれている一場面である。

まず前提の確認から。『イノセンス』には原作がある。士郎正宗の漫画で『攻殻機動隊』という[★1]。『攻殻機動隊』は、近未来世界を舞台にしており、そこでは「義体化」と呼ばれる、サイボーグ化の技術が発達している。サイボーグとは、人体に機械を組み込んで機能を補ったり強化したりする技術やその結果生まれる存在を指す。例えば、『攻殻機動隊』の世界では、人は望めば（そして必要な対価を支払えれば）脳を「電脳化」して、ネットに直結できるようにもなる。そこで、仕組みはともかく人は、ネットを経由して同じようにネット接続している他人の身体に侵入《ハッキング》して操ることもできる。そのような技術環境が実現している世界の物語だ。

ここで注目したいのは、そういう状況でのネット検索である。登場人物のバトーとトグサ

★1——士郎正宗『攻殻機動隊 THE GHOST IN THE SHELL』（講談社、一九九一）、『同1.5 HUMAN-ERROR PROCESSER』（二〇〇三）、『同2 MANMACHINE INTERFACE』（二〇〇一）など。

という二人の男性がヘリに搭乗している。彼らは公安第九課と呼ばれる特殊部隊に所属する刑事で、ある事件の捜査のため、移動している最中だ。目的地の都市が近づき、乗っているヘリからあたりを見下ろしながら、二人がこんな会話を交わす場面がある。

バトー「『個体が造りあげたものも、またその個体同様に遺伝子の表現型』だって言葉を思い出すな」

トグサ「それってビーバーのダムや蜘蛛の巣の話だろ」

バトー「珊瑚虫の作り出す珊瑚礁と言ってほしいな。ま、それほど美しくはねぇが。生命の本質が遺伝子を介して伝播する情報だとすれば、社会や文化もまた厖大な記憶システムにほかならないし、都市は巨大な外部記憶装置ってわけだ」

トグサ「『その思念の数はいかに多きかな。我これを数えんとすれどもその数は沙《すな》よりも多し』」

バトー「『旧約聖書』詩篇の一三九節か。とっさにそんな言葉を検索するようじゃ、お前の外部記憶装置の表現型もちと偏向してるな」

トグサ「あんたには言われたかねぇな」

（中略）

トグサ「『彼ら秋の葉のごとく群がり落ち、狂乱した混沌は吼えたける』」
バトー「今度はミルトンか。だが、俺たちはサタンじゃねぇぞ」

この会話の中で二重括弧でくくった部分は、既存のテキストからの引用だ。といっても二人はこうした章句を必ずしも暗記しているわけではなさそうだ。会話中、バトーが「とっさにそんな言葉を検索するようじゃ」と言っている。彼らは二人とも脳をネットに直結しており、会話をしながら検索をかけていると思われる。こうした仕組みについて、詳細は表現されていない。以下では、右のやりとりを材料として、推測を交えながら検討してみよう。

1-2　脳からネット検索

彼らは、脳とネットを直結しているとする。その上で、この場面が成り立つためには、さらに次のような技術が必要である。

・意識で思い浮かべればネットを検索できる。
・検索結果を外部の表示装置に頼らず認識できる。

つまり、現在の私たちのように手を動かしてキーボードやタッチパネルから文字を入力したり、声を出してマイクに入力したりする必要がなく、思い浮かべればよい状態だ。現在実現している技術でいえば、ブレイン＝マシン・インターフェイスはこれに近いだろうか。脳とコンピュータの接触面（インターフェイス）に関わる技術で、要するに手や体を動かして操作するのではなく、脳波によって装置をコントロールするための技術である。[★2]

ただし、『イノセンス』の世界でも、思い浮かべた言葉をなんでもかんでもそのまま検索するわけではないと思われる。それだと、のべつ幕なしに心に浮かんだものを検索してしまう。なんらかの形で、検索する手順があるのだろう。

素朴に考えるなら、まず「これからネットに検索をかける」というコマンドを思い浮かべて命じるはずだ。私たちが、コンピュータでアプリのアイコン（実行ファイル）を選んでブラウザを起動するように。そして検索できる状態が整ってから、検索語を思い浮かべて確定させる。ここまでが入力の過程である。

加えて、検索結果を受けとる仕組みも必要だ。現在の私たちのようにディスプレイの画面に表示されているブラウザを経由して、検索結果を目で見るのとは違って、彼らの場合、ネットから脳へとイメージなりデータなりが流れ込むのだろう。

それが意識の上でどのような表現になっているかは分からないが、仮に検索結果が当人の視野に映し出されて見えるのだとしよう。イメージしづらい場合、コンピュータのディスプレイにもなるメガネやコンタクトのようなものを想像するのでもよい。彼らは会話をしながら検索し、その結果を見ている。また、こうした一連の操作は、会話に差し支えのない程度の速さで行われる。こう仮定しておこう。

コラム3　ネットにダイヴする

いや、データが脳に流れ込むのではなく、当人の意識がネットにダイヴするのだ。という意見があるかもしれない。

だが、人がなにかを知覚して認識するのは、あくまでもそうした知覚や認識を実現する身体（ハード）あってのこと。ネット内を一種の空間のようなものとして知覚し、そこに身を投じるというイメージ自体、人がそのように知覚するよう設計されたハードとソフトの組み合わせによって実現したものと考えるのが妥当である。

★2――ブレイン＝マシン・インターフェイス（BMI：Brain-Machine Interface）は、マン＝マシン・インターフェイス（ＭＭＩ）、ヒューマン＝マシン・インターフェイス（ＨＭＩ）などともいう。インターフェイスとは、二つのものが向き合い、やりとりする接触面のこと。コンピュータならディスプレイ（出力装置）やキーボード（入力装置）などがこれに当たる。BMIは、人間の脳とコンピュータを接続する技術で、脳に電極を差し込むやり方のほか、非侵襲といって頭部の表面から脳波を検知するやり方もある。いずれにしても、脳からコンピュータを操作するための技術である。

ネットとは、コンピュータ（装置）とそれを結ぶ有線／無線のネットワークに過ぎない。その内部では電気信号が流れているだけであり、サイバースペースとたとえられるような「空間」が存在するわけではない。

現在のウェブのような画像や音を使える状況が整う前のシンプルな状況で考えるとわかりやすい。インターネットを使おうと思ったら、どうしたか。私が一九九〇年代前半に大学で使っていたコンピュータ（ＵＮＩＸワークステーション）では、文字の表示と入力だけができるウィンドウがある。そこで、世界のどこかにある別のコンピュータへの接続をリクエストするコマンドを打つ。接続が確立したら、先方のコンピュータの記憶装置のうち、公開する設定を施されたファイルを見たりコピーしたりできる。これらはすべてキーボードから文字でコマンドを入力して実行し、結果も文字だけで表示された。

つまり、このような状態で使うインターネットは、空間もなにも、単に自分のコンピュータの記憶装置のなかを見たり使ったりするのと同じように、よそのコンピュータの記憶装置のなかを見たり使ったりするだけである。

記憶装置内は「ディレクトリ」といって、記憶装置内の住所のような名前で場所を区別している。現在のＯＳでは、これを「フォルダ」と呼ぶことが多いだろうか。ディレクトリは、階層構造になっている。これはかろうじて、空間のような感覚をもたらすが、その程度である。また、現在のパソコンも、画像を多用した画面になっているので、そのように見えないかもしれないが、基本的な構造はあまり変わってない。

とはいえ、こうした表現では、いささか抽象的すぎて、人間にとっては甚だ捉えがたい。コンピュータやネットワークの内部を、一種の空間のようなものとして描く試みが、一九八〇年代からあれこれ目立つようになる。

一例を挙げれば、ヴァーナー・ヴィンジの小説『マイクロチップの魔術師』（若島正訳、新潮文庫、一九八九）〔*True Names*, 1981〕は、脳波でコンピュータを操作できる世界を描いている。コンピュータのユーザーは、三次元の広がりのある空間として表現されたネットワークの世界で、それぞれアヴァター（化身）として活動する。後にサイバースペースと呼ばれる表現の走りだ。また、スティーヴン・リズバーガーが脚本・監督の映画『トロン』（一九八二）は、コンピュータ内部を空間として、またそこで動くプログラムを擬人化して表してみせた。

　現在では、オンラインゲームやヴァーチャルリアリティなどがお馴染みだろうか。コンピュータの画面上に、疑似的に三次元空間を表し、それが現実世界と同じようにリアルタイムに変化する、そんな表現だ。あたかもそこに空間があるかのように表現されており、自分のアヴァター（化身）となるキャラクターがいて操作する。しかも、その同じ「空間」に、ネットワークを経由して、世界中からユーザーが集まったりもする。「ヴァーチャル」とは「実質的な」というほどの意味で、「ヴァーチャルリアリティ」といえば、それを体験する人間にとっては現実のようなもの、ということである[*1]。

　そろそろ話を戻そう。こうしたネットワークの表現は、グラフィックを表示するためのハードと、それを制御して然るべき画像を表示するソフトによって実現される。『攻殻機動隊』の世界のように、ナノマシンを脳内に注入して、人の神経系を一種のコンピュータのハードのように動かして、映像を見えるようにしたりする場合でも、基本的な仕組みは同じはずである。

　つまり、人がネットにダイヴするように見えるのは、そうした見え方を実現するハードとソフトの働きによるのであり、基本的にはネットから（つまりネットの先にあるよそのコンピュータから）当人の脳内にデータが送り込まれることで実現するはずである。

＊1――ヴァーチャルリアリティ（VR）は、しばしば「仮想現実」と訳される。この訳語は、必ずしも適切ではないのだが定着して今日に到る。その経緯について考察した谷卓生「VR＝バーチャルリアリティーは、〝仮想〟現実か――〝virtual〟の訳語からVRの本質を考える」（『放送研究と調査』二〇二〇年一月号、NHK放送文化研究所）を参照されたい。同論考は、ネット上でも公開されている。https://www.nhk.or.jp/bunken/research/domestic/20200101_5.html

以上のような技術が確立されていれば、脳裡で検索しながらの会話も実現するように思える。そう、少なくとも技術的には。必要なときにネット検索すればいいのだから、わざわざ覚えておかなくてもいい、という主張がそのまま実現した世界のように見える。実際にはどうか。もう少し詳しく検討してみよう。

1-3　検索の条件（ケース1）

さて、先ほど引用したやりとりを思い出そう。はじめにバトーが「『個体が造りあげたものも、またその個体同様に遺伝子の表現型』だって言葉を思い出すな」と言っていた。彼らは航空機に乗って移動中であり、ある都市に到着しようとしているところだ。眼下に都市が

❶都市の像（視覚）
⇓
❷ドーキンスの言葉の想起（内部記憶／外部記憶）

見えている。このバトーのセリフは、いまから降り立つ都市の様子を眺めて思い出したということだろう。

　引用元は、生物学者リチャード・ドーキンスの『延長された表現型――自然淘汰の単位としての遺伝子』という本に書かれた言葉だ。[★3] バトーが、自分の記憶から想起したのか、検索に頼ったのかは分からない。いずれにしてもここで重要なのは、バトーが眼下の都市、建造物が密集する都市を目にして、この言葉を口にしている点である。続く検討のために、ごく簡単に図式化しておこう（上図）。

　❶から❷へという連想が働いている。ここで「外部記憶」とは、バトーの身体から見て外部、ネットを指す。それに対して、自分の脳内にある記憶を「内部記憶」と呼んで区別しよう。ここでは、バトー自身の記憶（内部記憶）からの連想なのか、ネット検索（外部記憶）によるのか、区別がつかないので両者を並べておいた。どちらにしても、❶のバトーが目にした「都市の像」から❷の「ドーキンスの言葉」への連想はどのように働くのか。この点に注目したい。

★3――リチャード・ドーキンス『延長された表現型――自然淘汰の単位としての遺伝子』（日高敏隆＋遠藤彰＋遠藤知二訳、紀伊國屋書店、一九八七）。原書は Richard Dawkins, *The Extended Phenotype: The Long Reach of the Gene* (Oxford University Press, 1982)。

内部記憶による場合と外部記憶による場合、それぞれについて検討してみよう。

まず、内部記憶の場合から。バトーがドーキンスの言葉を脳内に記憶している場合、なにが生じているのか。バトーは都市の風景を見て、かつて読んだドーキンスの一節を連想した。なぜ、他でもないこの一節を連想するのか。いくつかの可能性を考えられる。

一つはかねてからバトーが習慣的にそのような連想をしていた場合。それまでも同じようにして都市を見るたび、ドーキンスのこの一節を思い出すということを繰り返し経験していた場合、一種の習慣として生じる連想である。

ただし、ドーキンスの一節を記銘する、長期記憶として覚えるには、繰り返し読んだり口にしたりする必要もある（一度目にした言葉をそのまま記憶する能力や技術でもない限りは）。

また、そうした習慣がない場合でも、目にしたものからふと思い出すということもある。こういう場合、なぜその一節が思い浮かんだのかは、当人にも分からないことが多い。

いずれにしてもバトーが、ドーキンスのその一節を過去に読んだことがなければ、そもそも連想しようがないのは確かだ。先ほどの図式に、この点を補足するとこうなる（左上図）。

次にバトーが外部記憶に頼った場合について考えてみよう。つまり、脳内でネット検索をかけている場合だ。

バトーは目の前の都市の風景を見て、脳内でネットに検索をかけた。このように言えば、ここにはなんの問題もないように見える。そうすれば、覚えていない言葉だって、ネットから探して引っ張ってこられるじゃないか。そう思える。

⓪ドーキンスの言葉（過去の視覚／記銘）
⇓
❶都市の像（視覚）
⇓
〔連想〕
⇓
❷ドーキンスの言葉（内部記憶の想起）

たしかにネットを使えば、自分が覚えていない文章や言葉も参照できる。例えば、『旧約聖書』の内容を一文字も記憶していない人でも、『旧約聖書』について検索すれば、公開されている文章を読むことができる。あるいは、「旧約聖書　&　名言」などと検索することで、誰かが同書から「名言」として選んだ章句を見ることもできる。★4 こうすれば、自分の記憶にない『旧約聖書』の言葉を探して読める。ここまではよい。

他方で、検索において重要なのは、そもそもどのような検索を行うかだ。いま述べた例でいえば、人が『旧約聖書』の文言をネットから探して読めるためには、いくつかの前提がある。ここでは話を単純化するために、『旧約聖書』そのものの文章だけを対象としておこう。

★4――検索では言葉を使う。その際、複数の言葉を並べることで、「それらの語がすべて含まれるページを探す」という検索になる。ここでは、そのことを強調するために、言葉のあいだに「&」を入れている。ついでながら、ネットで探し物をする場合、どのような言葉を並べて絞り込めるかによって、結果も大きく左右される。

つまり、『旧約聖書』に言及したその他の文章は措《お》いておく。その上で、こんな条件がありそうだ。

①検索する人が『旧約聖書』を検索しようと思いつく。
②『旧約聖書』の文章がネット上で公開されている。
③検索する人が、②を読んで理解できる。

三つの条件を挙げてみた。

このうち②は分かりやすい。そもそもネット上に存在しないものは検索しても出てこない。ネット上で『旧約聖書』が公開されていなければ、いくら読みたいと思って検索しても出てこない。これはネット側の条件だ。

では、ネットで『旧約聖書』が公開されていたとしよう。そこで次に、③の条件が関わってくる。その『旧約聖書』が日本語訳なら、それを読んで理解するためには、日本語を読める必要がある。加えて言えば、『旧約聖書』を読んで理解できるだけの知識と経験が必要である。あるいはその『旧約聖書』が原文のヘブライ語で書かれたものなら、それを読んで理解するためには、ヘブライ語を読める必要がある。

仮にネット上に『旧約聖書』のテキストが公開されていたとしても、検索した人がその言語を知らなければ読みようがない。読める言語だとしても、読解力に応じて読めたり読めなかったりする。これは利用者側の条件だ。

そして、さらにその手前の前提として、条件①がある。そもそも検索する人が、『旧約聖書』について検索してみようと思いつく必要がある。なにを検索するか、という発想がなければ検索は始まりようがない。

ただし、『旧約聖書』を検索するつもりがない人でも、結果的に『旧約聖書』を検索する場合もある。

例えば、この書を一度も読んだことがなく、何語で書かれた本かも知らない人がいるとする。この人が、あるゲームに登場する「リヴァイアサン」というモンスターについて知りたいと思い検索をかける。するとWikipedia日本語版の「レヴィアタン」のページに行き当たる。このページを読むと、どうやらリヴァイアサン（レヴィアタン）が『旧約聖書』に登場する怪物であると分かる。では、『旧約聖書』とやらを読んでみようと思ってさらに検索する……。こういうことはある。芋づる式の検索だ。だが、いずれにしてもなにを検索するか、という目的が必要なことに変わりはない。

話を戻そう。外部記憶を使う場合、はじめに検索をする。では、バトーはどのような言葉で検索をかけて、ドーキンスの一節に辿り着いたのか。

現在主流の検索技術で考えるなら、検索語と同じ語が含まれるウェブページが結果として表示される。[★5]「あなたのお探しの語は、このウェブページにありますよ」というわけだ。つまりこの場合、バトーは「個体が造りあげたものも、またその個体同様に遺伝子の表現型」という文言に含まれる言葉か、この言葉と関連づけられて同じテキスト内に記されることの多い言葉、例えば、著者や書名などを検索語とした可能性が高い。

例えば「個体　&　遺伝子　&　表現型」「ドーキンス　&　表現型」などと検索するわけである。その結果、「個体が造りあげたものも、またその個体同様に遺伝子の表現型」という文字列が含まれるウェブページが検索結果として提示される。例えば、誰かがこの文字列を引用しているブログや論文などが、ウェブで公開されているような場合だ。[★6]

これはなんだか当たり前のことに思えるかもしれない。だが、ここに見落としてはならないポイントがある。人がなにかを検索するとき、それに先だって探したいことが念頭にある。つまり、知りたいことそのものではないが、それに関わる疑問を思い浮かべている。なにもないところから検索できるわけではない。検索するためには、なんらかの答えを予想した疑問が必要なのだ。これも図式化しておこう（左上図）。

例えば「作家のオーウェルが書いたディストピア小説ってなんだっけ。いつもなにかに見張られているあれ……」と疑問が浮かぶ。しかし答えが分からない。かつて読んだはずなのにタイトルを思い出せない。ネット検索で答えを探ろう。このとき、どんな検索をかけるか。

①探し物（疑問）
⇓
②検索語の選定
⇓
③検索実行
⇓
④検索結果
⇓
⑤結果の閲覧

この場合なら、「オーウェル　&　ディストピア小説」で検索すれば、ほどなく答えに辿り着ける。

ここで注意したいのは、最初の疑問自体は、自分の経験とその記憶に基づいていることだ。これまでオーウェルの名を一度も聞いたことがなく、「ディストピア小説」という言葉も聞いたこと

★5――本文では省略しているが、より正確に言えば次のようになる。ある検索サーヴィスに対して利用者が検索語を入力する。その文字列を受けとった検索サーヴィスでは、自前のデータベースに、その文字列と関連づけられたデータがあるかどうかを探す。自前のデータベースとは、日頃、ウェブ上を機械的に探って（クローリングという）収集しておいたインデックス（索引）のようなものだ。つまり、私たちはウェブ全体を直に検索しているわけではなく、自分が利用する検索サーヴィスが収集対象としているウェブに対して検索しているわけである。だから「Google村八分」などと言われる状態も生じる。つまり、検索サイトが検索の対象に含めないウェブサイトは、人から発見されづらくなるわけである。

★6――もとの本、ドーキンスの『延長された表現型』がウェブ上で公開されており、検索サーヴィスが対象とする範囲にある場合、同書そのものから引用することもできる。例えば、Googleブックスというサーヴィスでは、電子化された本の中身を検索できる。だが、残念ながら現在のところ、日本語の本の多くは公開されていない。もっともここで検討しているバトーたちの世界では、その辺がどうなっているかは不明である。

がなければ、そもそもこのような疑問は浮かびようがない。この問いが成り立つのは、「オーウェル」や「ディストピア小説」といった言葉に関わる経験とその記憶がある場合なのだ。もう一度言えば、検索をするためには、探し物にふさわしい検索語を思いつく必要がある。先に引用したバトーの場合、検索する手前で検索したい文言に関わる疑問を思い浮かべたはずだ。つまり、検索した結果、ドーキンスの言葉を思い浮かべたのではなく、検索する前に「あれだよあれ、ドーキンスが個体と表現型について言ってたあの言葉、なんていったかな……」といった連想が働いている。いま口にしたい文言そのものは思い出せないが、手がかりの言葉がある。これで検索をすれば、正確な表現がネット上に見つかるかもしれない、というわけだ。

以上の検討を整理し直そう。先ほどの図式の「❶都市の像」と「❷ドーキンスの言葉」のあいだには、次のような出来事が介在している（左上図）。

改めて注意しよう。バトーは眼下に広がる「❶都市の像」を目にしているが、その像には含まれていないなにかを思い浮かべている。「ドーキンスが書いていた言葉を思い出すな……あれはなんといったか……」。出発点となる疑問、これがAだ。

Aの正確な文言を知るために、どんな検索をかけたらよかろうと検索語を思い浮かべる。これがB。

その検索語でネットを検索して（C）、表示される検索結果を見る（D）。

そして「そうそう、これこれ」と引用する。これが❷だ。

こうしたAからDの流れは追いやすい。だが、その起点となっているAだけはそういうわけにはいかない。❶のバトーが目にした「都市の像」と、Aの思い出したいことについてのあいまいな記憶とのあいだにはギャップがある。❶からAへという連想が働くのは、バトーの過去の経験とその記憶によるはずだ。

❶都市の像（視覚）
⇓
A〔言葉のあいまいな記憶（連想）〕
⇓
B〔探したい言葉への手がかり（連想）〕
⇓
C〔ネット検索〕
⇓
D〔検索結果（視覚）〕
⇓
❷ドーキンスの言葉（外部記憶の視覚）

いささかややこしいことを述べてきた。ここで最も重要なポイントは、検索の起点となるA（疑問）そのものは検索によっては見いだせないということだ。なにを検索するかは、検索する人の脳裡に浮かぶ疑問によるほかはない。例えば、『イノセンス』のこの場面で、バトーやトグサと同じように都市の光景を目にした視聴者は、それぞれ彼らとはまた違うなにごとかを思い浮かべるに違いない。

検索をかけるには、探し物を思い浮かべ、それに関連する検索語を思いつく必要がある。その出発点となる探し物や検索語は、その人の過去の経験とその記憶に基づいて思い浮かぶものである。これが以上の検討を通じて確認したいことだった。

1―4 検索の条件（ケース2）

記憶の働きに注目しながら、二人のやりとりの残りの部分も見ておこう。

ドーキンスを引用するバトーの言葉を聞いたトグサは「それってビーバーのダムや蜘蛛の巣の話だろ」と応答している。トグサは、ドーキンスの『延長された表現型』で、ビーバーのダムづくりの例が論じられているのを踏まえている。トグサもまた、この本を読んでいたのだろうか。しかも、この引用箇所やビーバーのくだりを記憶していたのだろうか。それとも話を聞きながら検索したのだろうか。[★7] 外からは分からない。

ここでもまた、先ほどバトーの内部記憶と外部記憶と同じように考えられる。詳細は省くが、かつてトグサが『延長された表現型』を読んでいて、それを覚えていたとすれば、ここではバトーの引用をきっかけとして連想が働いたわけである。先ほどのバトーのように都市を目にしてドーキンスを連想したのと比べると、分かりやすい連想である。

かりにトグサがこの本を読んだことがなく、会話中にネット検索をして突き止めたのだとすれば、バトーの言葉を検索にかけたのだろう。その結果、ドーキンスの『延長された表現型』からの引用であることが分かる。また、同書そのものの本文を検索できれば、具体例としてビーバーのダムづくりの例が出ていることも突き止められるかもしれない。あるいは、その例を引用しているテキストが見つかるかもしれない。いずれにしても、この場合、バトーの言葉を検索語に利用できる。

これに対するバトーのセリフはこうだった。少し長いので再掲する。

> 珊瑚虫の作り出す珊瑚礁と言ってほしいな。ま、それほど美しくはねぇが。生命の本質が遺伝子を介して伝播する情報だとすれば、社会や文化もまた厖大な記憶システムにほかならないし、都市は巨大な外部記憶装置ってわけだ。

★7――これはもはや想像だが、脳をネットと常時接続している人のなかには、会話中も常に耳目にする言葉や画像を材料として、それに関連する情報を自動で検索して視野の片隅に表示するようなアプリケーションを使っている人もいるかもしれない。現在私たちが知っている技術になぞらえるなら、拡張現実（AR：Augmented Reality）のように、カメラに映った現実世界の要素に対して、デジタルの情報を重ね合わせるようなものだ。例えば、駅で停車中の電車にスマートフォンをかざすと、カメラに映った電車やホームの映像に、その電車の行き先と出発時刻、進行方向などが重ねて表示されるように。

ご覧のように三つの文から成る。はじめの二文はトグサへの応答。三つめは、バトーがなぜ眼下の都市を見て、ドーキンスの言葉を想起したかの説明になっている。

それを踏まえて前節（1‐3）で検討した「個体が造りあげたものも、またその個体同様に遺伝子の表現型」という引用の意味を整理すればこうなる。

・生物の個体は、その生物を形成した遺伝子の表現型である。
・個体が造ったものもその遺伝子の表現型である。

社会、文化、都市も、ある種の情報を保存・伝播する記憶装置のようなものであり、これもまた人間の遺伝子の表現型である。これがバトーの考えたことだった。

この場合、情報とはなんであり、それがどのように保存されているかという点について説明が必要ではあるものの、少なくともバトーの頭のなかで、都市と『延長された表現型』がなぜ結び付いたのかはこれで分かる。

注目したいのはその次のくだりだ。このバトーの言葉を聞いたトグサは、唐突に彼らしからぬ古めかしい言葉遣いでこう口にする。

その思念の数はいかに多きかな。我これを数えんとすれどもその数は沙よりも多し

これはなんなのか。バトーがすかさず謎解きをしてみせる。

『旧約聖書』詩篇の一三九節か。とっさにそんな言葉を検索するようじゃ、お前の外部記憶装置の表現型もちと偏向してるな

トグサは、自分の記憶からではなく、ネットを検索して『旧約聖書』の一節を引用しているというわけである。

この会話中、検索によって引用をしていることが明示されているのは、このくだりだけだ。バトーが社会や文化に言及し、都市が巨大な外部記憶装置であると喩えたのを受けて、トグサは検索した。ここでは、先ほどバトーがドーキンスを引用したくだりについて、それがネット検索の結果だと仮定した場合の図式がそのままあてはまる。

この点は、本書にとって重要なポイントなので、労を厭《いと》わず検討しよう。このトグサによる引用は、どうしたら成り立つのか。脳裡でネットを検索できる仕組みさえあれば可能だろうか。どのような言葉で検索すると、引用されている『旧約聖書』の一節に辿り着くのか。

少なくとも、直前でバトーが述べた記憶システムとしての社会、文化、都市についてそのまま検索しても、『旧約聖書』詩篇第一三九篇には辿り着かないだろう。[★8] ここにも都市を見てドーキンスを連想したバトーの場合と似たギャップがある。そして、ここでもまた、このギャップを埋めるのはトグサ自身の連想であろう。

「都市が巨大な外部記憶装置」だとして、そこには無数の「情報」が記憶されているかもしれない。無数の情報、無数の思念といえば、『聖書』だか仏典にそんな話が出ていなかったかな……と、これは私が勝手に推測してみたもの。ともあれ、このあたりまで連想してようやく『旧約聖書』につながる検索も可能となる。バトーの場合と同様、図式化しておこう。

❶バトーの言葉（聴覚）
⇓
A〔言葉のあいまいな記憶（連想）〕
⇓
B〔探したい言葉への手がかり（連想）〕
⇓
C〔ネット検索〕
⇓
D〔検索結果（視覚）〕
⇓
❷『旧約聖書』の言葉（外部記憶の視覚）

❶の「バトーの言葉」をもとにしてAの「そういえば、たくさんの思念について『旧約聖書』にそんな言葉があったな……」という探したいもの、疑問を思い浮かべる。これればかりは、トグサの過去の経験の記憶による他はない。

Bの検索語が思い浮かべば、あとは検索すればよい（C）。うまくいけば、Aで思い浮かべた「たしか『旧約聖書』にそういう話があったよな」という疑問に応える検索結果（D）に辿り着けるだろう。

トグサが『旧約聖書』を引用するのを耳にしたバトーも、その言葉を検索したのだろう。「『旧約聖書』詩篇の一三九節か」とは、同書を丸暗記しているユダヤ教のラビのような人でもなければ、検索で確認するほかはない特定の仕方である。

1－5 検索すればOK？

「知りたいことがあれば、そのつどネットで調べればよいのだから、わざわざ覚えなくてもよい」という主張を検討するために、『イノセンス』の一コマを借りて考えてみた。

わざわざこの例を選んだのは、そこに描かれている光景が、「検索できればものを覚えなくても大丈夫」というある種理想の世界を、技術によって実現しているように見えるからだった。苦労してものを覚えなくていいなら、私だってそのほうがいい。

他方で、乏しいとはいえこれまでの自分の経験に照らすと、そうそううまい話はないよう

★8――念のために言えば、現在のインターネットでバトーのセリフを検索すれば、『旧約聖書』詩篇第一三九篇に辿り着く可能性はある。なぜなら、ネット上にこの会話のセリフを含むテキストが存在しているから。バトーとトグサのいる世界では、そういうわけにはいかない。

にも感じる。これはその人の暮らし方や仕事やその他の必要によって違うだろうけれど、ゲームをつくったり文章を書いたりものを教えたりする私の場合、むしろ多様な知識を記憶していたほうが、アイデアを出したりものを書いたり教えたりする上では役立つと感じることが多い。

実際はどうか。

『イノセンス』の世界で実現されている脳内でのネット検索さえあれば、誰かと会話をしているあいだにも検索できる。そうなれば、自分の脳裡にあれこれ覚えていなくてもネット検索で用が足りるだろうか。別の言い方をするなら、自分の脳裡にある記憶（内部記憶）と、ネットにある記憶（外部記憶）とを同列に扱えるだろうか。

もし外部記憶を自分の記憶として扱えるなら、なるほど人はほとんどものを覚えなくても済むかもしれない。ネットの厖大な情報を、自分の記憶として扱えるのだから。

検討したことを改めてまとめ直して、議論を先に進めよう。

*

ネット上に、ドーキンスの本の一節や『旧約聖書』の一節が書かれたテキストがあれば、検索によって探して読んで（短期記憶に入れて）引用できる。確かに、この点だけを見るなら、わざわざドーキンスの本の一節や『旧約聖書』の一節を、自分の内部記憶（長期記憶）として暗記している必要はない。

ただし、それらのテキストを検索で見つけるためには、そもそも適切な検索語を思いつく必要があった。漠然と「こういうときにぴったりの気の利いた名言を教えて」といっても、それだけでは検索のしようがない。検索する者は、然るべき疑問をもち、それに答えるための検索語を思いつく必要がある。

以上のことを手順として記してみよう。

❶知りたいが不明のことがある（動機／疑問）
❷それを調べるのに適した検索語を考える（発想）
❸検索する（操作）
❹検索結果が表示される（確認）
❺検索結果を読んで調べたかったことを特定する（検討）
❻見つからなかった場合、❷か❹に戻る

❶の「知りたいが不明のことがある」のが出発点だった。この動機、あるいは疑問、つまり知りたいことがなければ、そもそも何を検索してよいかも分からないし、決められない。

そして、❶の問いに答えるために検索をする。だが、検索するためには❷の「それを調べるのに適した検索語を考える」という発想が必要となる。このとき、❷の検索語を考えたり思いついたりする過程では、当人の脳裡にある内部記憶（長期記憶）が材料になる。

とりあえず適当に検索をかけて、あらわれた結果を見て、芋づる式に検索するという方法もある。だが、その場合でも、結局のところ、検索結果を読んで理解できなければ、そこから先へ進みようがない。目にした文章を読んで理解するには、やはり内部記憶がものをいう。この点はまだ検討していなかったので、少し立ち止まっておこう。

例えば、「ネット上で最も古い錬金術の文書を探す」という問いに答えるため、ネットを検索するとしよう。

この場合、検索しては結果をみて、結果から分かったことをもとにさらに検索をかけるという、芋づる式の検索を行うことになる。日本語を母語とする人なら、はじめのうちは日本語で「錬金術」などと検索することが多いだろう。しかし、錬金術について突き詰めて調べようと思えば、ほどなく英語、フランス語、ドイツ語の文献に当たることになり、最終的にはアラビア語、ラテン語、古典ギリシア語のテキストを見ることになる[★9]。

この場合、お分かりのように、その検索を行う人の内部記憶の状態に応じて、どこまで進めるかが決まる。端的に言えば、その人が読める言語の範囲に応じて、検索できる範囲が変わる。

もちろん機械翻訳を使って、自分では読めない言語を読める言語に翻訳するという手はある。しかし残念ながら、現在の機械翻訳はそこまであてにならない。それに、その機械翻訳の妥当性を確認しようと思えば、結局は自分で（あるいは読める人に頼って）原文と訳文を比べるしかない。

コラム4　機械翻訳

機械翻訳は、コンピュータの性能の向上と、インターネット上のデータの蓄積、翻訳を実行するためのアルゴリズムの発展によって、精度を高めつつある。Google翻訳やDeepLがよく知られているだろうか。

現在主流のやり方では、人間が行った翻訳（ある言語と別の言語の対応づけ）を材料として、これをコンピュータに機械学習させる。そこから得られたパターンを用いて、与えられた文章を翻訳するというものだ。初期のとんちんかん

★9——錬金術の歴史を辿るには、例えば、科学史家のローレンス・M・プリンチーペによる『錬金術の秘密——再現実験と歴史学から解きあかされる「高貴なる技」』（ヒロ・ヒライ訳、bibliotheca hermetica叢書、勁草書房、二〇一八）〔Lawrence M. Principe, *The Secrets of Alchemy*, University of Chicago Press, 2013〕のような本を見るとよい。そこで記されている古代の錬金術関連書をネットで発見できれば、本文で述べた問いに答えることができる。ちなみに、私はこの本を蔵書しており、かつて二度ほど読んだことがあるため、この文章を書きながら、そのことを思い出し、書棚から同書をとってきてこれを書いている。内部記憶の賜である。

な文章をつくる機械翻訳から比べれば、見違えるような訳文を出力するようになっている。

ただし、機械学習の材料が豊富な分野については翻訳精度も比較的上がる一方で、材料をあまり与えられていない分野については相変わらずの精度という実態もある。

また、原理的に考えた場合、文章の意味は、それが使われる文脈や現実世界との関係で決まるものだ。例えば、小説中である人物が別の人に「バカだなあ」と言う。これはいったいどういう意味か。文字通り侮辱しているのか。それとも褒めているのか。かわいいと感じているのか。これはその二人の関係やその状況によって決まる。

また、現実の人間同士でも、さまざまな意味で使われているという事実を、自分の経験として知っているかどうかで解釈も変わるだろう。単に辞書通りに別の言語に置き換えるだけでは足りず、文脈と使われ方を検討する必要がある。

これは目下の機械翻訳では難しいことの一つである。というのも、コンピュータは、あくまでも言語、例えば日本語と英語、中国語とフランス語といった記号同士の対応関係だけで翻訳を行っているからだ。

その言葉や表現が対応する現実についてコンピュータは、人間のようには経験も認識もしていない。これは人工知能研究において、「記号接地問題」（symbol grounding problem）と呼ばれる難問の一つである。記号（言葉）の意味は、現実との関係で決まる。では、記号を現実世界に接地させるにはどうしたらよいか、というわけである。

これは極端な例だと感じるかもしれない。では、母語に限ってみたらどうか。

例えば、ローズマリーパンケーキなるものがあると知ってつくってみたいと思う。ネットで検索するとレシピを日本語で書いたページがいくつか出てきた。そのうち一つを見てみると、必要な材料とおおまかなつくり方が書いてある。

日頃から調理し慣れている人なら、おおまかな指示でも「だいたいこんな感じでしょ」といってつくれる。そうでない人はどうなるか。

「塩少々（分量外）」などという表記を見て戸惑うかもしれない。少々ってどのくらい？　分量外ってなに？　ローズマリーってどんな見た目だっけ。ローズマリーの一枝ってどこからどこまで？　どの部分をちぎればいいの？　生地を混ぜすぎないようにと言われても……。フライパンを温めるってどのくらい？　キツネ色ってどの程度？　などなど、限られた手順には書かれていないことも多い。

レシピに明示されていない、しかし調理する際には必要なことがらは、調理者の経験と知識に任されているわけである。

別の例をもう一つ。

日頃使っているプリンターが動かなくなってしまった。パソコンから印刷したいのにうまくいかない。どうすればいいか、ネットで調べてみよう。

ここでどんな言葉を検索するか。なにも考えなければ「プリンター　&　印刷できない」

と検索するかもしれない。最初の一歩としてはもちろん悪くない。

ただし、プリンターといってもメーカーごとに多種多様な機種がある。すべてのプリンターに共通する問題もあれば、個別の機種ごとに生じる問題もある。少なくともプリンターのメーカーと機種名を特定して検索したほうが、より正確な情報に辿り着ける。

さらに言えば、そのプリンターと接続しているコンピュータのＯＳが問題となる場合もある。[★10] どこのＯＳか、そのＯＳのどのヴァージョンかによっても、対処の仕方が変わったりもする。

そんなこんなで自分が使っているプリンターのメーカーの、自分が使っている機種のページに辿り着いたとしよう。また、ＯＳも選んだとしよう。さらには「印刷できない」というＱ＆Ａのページも特定できたとしよう（実はここまで辿り着くのも、予備知識がない人は苦労するかもしれない）。そこにはこんなことが書かれている。

> お使いのパソコンのＯＳのヴァージョンが10.15.3以上の場合はこちら

自分が使っているパソコンのＯＳがどのヴァージョンかという細かい数字は、どうやって分かるのか。表示の仕方を知らない人は、ここでまたネット検索をすることになる。

やり方を調べて、自分のＯＳのヴァージョンが10.15.8だと判明したとしよう。先へ進むとこんなことが書かれている。

> プリンタドライバの最新版はver.2.3です。お使いのプリンタドライバがver.1.5以下の場合、はじめにver.2.0へのアップデートを行ってください

「プリンタドライバ」とはなにか。よく分からないがアップデートすればいいんだろう、というのでアップデートする場合でも、自分が使っているプリンタドライバのヴァージョンを知る必要がある。どうやって？　知らない場合、調べる必要がある……。なんとか調べてアップデートしようとしたところ、ウィンドウが表示されてこんなテキストが現れる。

★10――ＯＳは「オペレーティングシステム（Operating System）」の略称。コンピュータを動かすための基本的な操作のしくみを提供するソフトウェアのこと。例えば、画面にウィンドウを表示したり、マウスやタッチパネルを操作すると、カーソルが動いたり、ボタンを押せたりするのもＯＳのおかげである。その他のアプリケーションソフトウェア（応用ソフトウェア）は、ほとんどの場合、ＯＳを基礎としてつくられている。ＯＳの例としては、Microsoft社のWindows、Apple社のmacOS、オープンソフトウェアのＬＩＮＵＸなどがある。また、それぞれ年々ヴァージョンアップを重ねている。

E:0038F2X予期せぬエラーが生じました。
アップデートを中止します。

はてさて、どうしたらよいのか……。

というのは、いま私がつくった話だが、これまで何度となく、こうした状態に陥った人たちのサポートをしてきた経験に基づいている。

パソコンやＯＳのしくみを理解している人にとっては特に難しい話ではない。他方で、そうではない人にしてみれば、検索結果に出てくる説明文やサポートページの説明、ＯＳが表示するテキストなどは、総じて暗号文のようなものに見えるかもしれない。

こうした同じテキストでも、読み手がパソコンやＯＳを理解している度合いに応じて、意味が分かったり分からなかったりするわけである。母語であっても、その人の内部記憶の状態によって、理解できる度合いが大きく左右される例である。

もうよいかもしれない。

だがもう一例だけ挙げておこう。スマートフォンや車に搭載されるＧＰＳ（Global Positioning System：全地球測位システム）がどういうしくみなのかを知りたくなった。

そこでネットを検索してみると、どうやらその基礎には相対性理論があるらしいと知る。そこで、相対性理論について知りたいと思って検索をかける。たしかに日本語で書かれたウェブページや論文が山ほど出てくる（なかにはバンドの話も混ざっているようだ）。怪しげな説明、不確かな解説も混ざっている。玉石混淆の検索結果から、適切な説明を選ぶにはどうしたらよいか。しかも、自分がまだよく理解していないテーマについて。

そう、自分がよく理解していないことがらについて、ネット検索で学ぶ際には、この難問が必ずつきまとう。関連するページは山ほど出てくる。だが、どれを信用してよいかは判断できない（なぜなら、まだ理解していないから）。選択を間違えれば、理解するどころか誤解してしまうかもしれない。さらには自分が誤解していることに気づけないかもしれない。こういうとき、どうしたらよいか。これについては後ほど章を改めて検討しよう。

首尾よく、適切な解説を選べたとしよう。だが、母語で書かれているからといって、それらの文章を読んですんなりと理解できるかといえば、そういうわけにはいかない。

なぜなら、それらの多くは、ある学問領域について一定のトレーニングを積んだ人が読めるように書かれているからだ。「ここまでは理解した上で読んでね」という前提がある。そうしたトレーニング抜きには理解しがたい。つまり、内部記憶に必要な知識を蓄えている必要がある。母語を読めるからといって、なんでも読めるわけではないのだ。

それでも知りたければ、相対性理論にかんして適切に書かれた入門書や、その手前で必要となる基礎的な数学を復習する必要がある。ネットで検索できたとしても、そこから適切なものを選び、理解するには、自分の内部記憶がおおいにものを言うわけである。

他にも、法律や各種の契約書、コンピュータ用語、あるいはさまざまな学術分野について書かれたものについても同様である。あるいは、一五〇年ほど前の明治期の文献や、江戸期やそれ以前の文書も、日本語で書かれている。だが、現代日本語を母語とする人が、なんのトレーニングもなしに読めるかといえば、やはりそういうわけにはいかない。つまり、そうした文章を読むために必要な知識や経験を積んで、自分の内部記憶を整えない限り、母語だからといってなんでも読めるわけではないのだ。

また、知りたいことに応じて、適切な検索語を考える難しさ／易しさも変わる。

例えば、いまいる場所の近くにカフェがあるかどうかを知りたければ「金沢 & カフェ」などと検索すればよい。この場合、カフェという施設があること、それがカフェと呼ばれることを知っていれば検索できるだろう。こう言えば簡単そうだ。

だが、もしいまいる場所が旅先で、母語も通じず、読み方も分からない言語が使われている土地だとしたらどうか。日本語でいう「カフェ」や「喫茶店」を、その言語でなんというのか分からない。試しに英語で cafe と検索してみたが芳しくない。そもそもカフェに相当する施設はあるのだろうか……。

　こんな場合、一見簡単そうなカフェの検索も難しくなる。なぜこんなへんてこな例を出しているのか。カフェを検索するということも、実際にはその土地に「カフェ」と呼ばれる店があることを経験によって知っており、それを「カフェ」と表記するのだということを知っているからこそ可能になる、という様子を確認したかったからである。もしそうした現実の世界やそれに対応する言葉について、内部記憶をもっていなかったら、検索語を思いつくことさえ覚束ないわけである。

1-6　外部記憶は記憶か

　さて、この問題について、ひとまずこの場での結論を出しておこう。ネット検索があればわざわざ記憶しなくてよいか。外部記憶装置は、内部記憶の代わりになるのか。

　必要なときにネットで検索できればそれで済む場合とそうでない場合がある。以上では、もっぱら「そうでない場合」について検討してきた。では、ネット検索で済むのはどういう場合か。

　例えば、レストランの予約をしたいので電話番号を知りたいとか、今日の外国為替市場の動きを知りたいとか、郵便の料金を確認したいとか、電車の時刻を知りたいなど、知りたいときに検索すればそれで用が足りる。

　これは、まとめてしまえば短期記憶で用が足りる課題である。短期記憶とは、一時的に覚えている状態だ。

　次に一番ホームから出る電車は何時発か。調べてみたら一四時二六分発だと分かる。その電車に乗るまでのあいだ、「一四時二六分発」であることは重要な情報なので覚えるなり、スマートフォンの画面に表示しておくなりするだろう。しかし、その電車に乗った後は、用がなくなる。忘れて構わない。自分がいつどの電車に乗ったかという興味を持っている場合でもなければ、程なく忘れるだろう。こういう場合、ネット検索で調べがつけば、それで十分用が足りる。

　他方で、右で検討した例の多くは、短期記憶ではなく、長期記憶に関わることだった。レシピの読み解きにしろ、プリンターのトラブル解決にしろ、ＧＰＳの理解にしろ、過去に練習したり理解したりしたことをもとにして、検索した結果を読んで理解できるわけである。

　言い換えれば、長期記憶を土台として、いま目にした検索結果を短期記憶に入れて対処している。先ほど使った言葉に対応させるなら、長期記憶とは内部記憶であり、短期記憶とは外部記憶装置などから一時的に知覚を通じて頭に入れたものだ。

そして、いくらネットという外部記憶装置に厖大な情報やデータがあり、それを検索で見て短期記憶に入れることができたとしても、肝心の自分の内部記憶、つまり長期記憶がそれを理解できるようになっていなければ意味がなかった。

せっかくプリンターのトラブルの対処法が書かれたウェブページに辿り着いても、そこに書かれた文章を理解できないのではどうしようもない。そもそも長期記憶に知識が入っていない言語で書かれたものは、いくらネットに情報があって目に入れることができたとしても、読むことさえできないわけである。

以上を踏まえてつけ加えれば、ここで「外部記憶装置」と呼んできたコンピュータの記憶装置という名称は、一種の擬人法であることに注意しよう。コンピュータをいわば人間の脳に見立てて「記憶（memory）」と呼ぶわけだが、これはいささか紛わしい。その正体は、データを記録する装置である。

コラム5　検索の限界

インターネットは、一般での普及が始まった一九九五年頃と比べると、とても豊かになった。ネットを経由してアクセスできるデータの総量も格段に増え、かつてと比べものにならないほど多種多様な本、絵画、音楽、動画、ゲームをはじめとする各種コンテンツが公開されている。

加えて、個人や組織が自前でウェブサイトをつくり、SNSで発信している。いったいインターネット上にどれほどの情報やデータがあるのかは、誰も把握していないだろう。それだけに、ネットにはなんでもあるように錯覚しそうになる。

だが、ネットでなんでも調べがつくわけではない。当たり前だが、誰かがネットに掲載していない情報は、逆さに振っても出てこない。量が厖大なので、なんでもあるように思えるとしても、それは錯覚である。

ネット上で閲覧できるのは、世界各地に設置されているコンピュータの記憶装置に保存され、公開されているデータに限られる。加えていえば、そのうち、あなたが検索に使う検索サーヴィスの網にかかっているデータに限られる。

例えば、これまで世界でどれだけの書物が刊行されてきたか分からないが、その全てをネットで閲覧できるわけではない。あらゆる映画をネットで観られるわけではない（私はどうしてももう一度観たい映画があって、定期的に検索をかけているが、ソフトにもなっていなければ、ネット上でも見つからない）。

ついでに言えば、コンピュータで扱える形に変換できないものは、ネットに乗せようがない。例えば、いまのところ、あなたの昨日一日の経験やその記憶をそのままデジタルデータに変換することはできない。家にいる猫の肉球を触った感じをそのままデジタルデータにすることはできない。

見方を変えていえば、あなたがお使いかもしれないスマートフォンやコンピュータに備わっている出力装置、つまりコンピュータから人間へ向けてアウトプットする装置にできることしか表現できない。

よく使われているのは、ディスプレイへの画像出力（文字、画像、動画など）、スピーカーへの音声出力、人によってはここに、プリンターへの印刷出力、モーター内蔵のゲームパッドへの振動出力などが加わるだろうか。いずれにしても、視覚、聴覚、触覚への出力である。

あれもできない、これもできないと文句を言いたいわけではない。コンピュータには、その機械のしくみからして、できることに限度があるという事実を確認しておきたかったのだった。

以上をまとめれば、こうなろうか。

①ネットで公開されていないものは検索できない。

②そもそもコンピュータで扱えないものはネットで公開しようもないので検索できない。

第2章 四つのエコロジー

2-1 エコロジー

さて、さらに検討を進めよう。まずは、ものを考えるための道具について見ておきたい。以下では、しばしば「エコロジー」というキーワードを使う。ただし、この言葉はさまざまな意味で使われているので、本書での使い方をお伝えしておこう。

エコロジーという言葉には、大きく二つの使い方がある。一つは「地球に優しいエコな生活」といった使い方で、これは地球環境に配慮するというほどの意味。もう一つは「生態学」で、これは生物の研究の仕方に関わる。ここで注目したいのは後者の使い方。

生態学という見方が共有される以前、動物を研究するといえば、標本のような形で記述するやり方が主流だった。昆虫採集が分かりやすいかもしれない。例えば、アオアゲハを捕まえて、これを殺して標本にする。ピンで固定して、その体の形を観察する。分類を施して、イラストに描き、その形態的な特徴を文章で記述する。

これに対して、アオアゲハが自然のなかでどのように行動し、生きているかを見ようとするのが生態学だ。

生態学という考え方を提唱したのは、ドイツの生物学者エルンスト・ヘッケル（一八三四―一九一九）である。彼は、古典ギリシア語の「オイコス（οἶκος）」と「ロギア（λογία）」という二つの言葉を合成して、新しい言葉「エコロギー（Ökologie）」を造った。このドイツ語を英語にしたのが「エコロジー（ecology）」だ。

「オイコス」は、「家」とか「住んでいる場所」という意味、ロギアは「条理」や「言葉」、「学問」という意味で、学問の名前をつける場合によく使われる。「バイオロジー（生物学）」「ソシオロジー（社会学）」「フィロロジー（文献学）」などはその例だ。「エコロジー」とは、生物が生きているその状況についての学問というほどの意味になる。

ヘッケルは、ある生物について知りたかったら、その生物が環境のさまざまな要素とのあいだでもっている関係全体を見る必要があると考えた。環境とは、自然の地形や気候、あるいは他の動植物（自分と同じ種も含む）などである。ここには人間がつくった人工物も含まれる。

というのは、家の軒先に巣をつくるツバメなどのことを考えればよい。動植物は、なにもない真空中で生きているわけではなく、ある具体的な土地やそこにあるモノやそこにいる動植物とのあいだでさまざまな関係を持ちながら生きている。食物連鎖のような、食べる／食べられるという関係もその一例。

ヘッケルは、ある生物とそうした環境との関係全体を視野に入れることで、生物のあり方を捉えられると考えた。これをエコロジーと名付けたわけである[★1]。

ここでも、ヘッケルが用いた意味で「エコロジー」という言葉を使おう。これが記憶となんの関係があるのか。

本書で注目するのは記憶だが、記憶という抽象的ななにかが単体で存在しているわけではない。記憶とは、第一に誰か具体的な人の記憶である。

それぞれの人は、つねにある具体的な環境のなかにいる。そして、周囲に存在するものとさまざまな関係を結んでいる。あるいは人間の場合、各種の通信手段を使うことで、その場にいない誰かとのあいだにも関係を結ぶことができる。また、言語を典型として、各種の表現を通じて互いにやりとりもする。

そのような人間が、環境と取り結ぶさまざまな関係のなかで記憶というもののあり方を検討してみよう。その検討を通じて、序章のおわりに述べた課題に対して、なんらかの対策のアイデアを出してみたい。こういう見通しである。

つまり人間について、特にその記憶のあり方について、エコロジーの観点から考えてみようというわけである。

なお、本書では「エコロジー」というふうにカタカナ表記のまま使う。「生態」という意味で使うのだから、漢字表記でもよいのだが、目に入りやすくしたいのと、それだけでは意

★1——エコロギーについては、エルンスト・ヘッケル『一般形態学』〔Ernst Haeckel, *Generelle Morphologie der Organismen*, 1866〕で論じられている（未邦訳）。ヘッケルについては、佐藤恵子『ヘッケルと進化の夢——一元論、エコロジー、系統樹』（工作舎、二〇一五）に詳しい。また、ここでは触れていないが、ヘッケルも影響を受けた、アレクサンダー・フォン・フンボルトは生態学的な発想の先駆者だった。フンボルトについては、アンドレア・ウルフ『フンボルトの冒険——自然という〈生命の網〉の発明』（鍛原多恵子訳、ＮＨＫ出版、二〇一七）〔Andrea Wulf, *The Invention of Nature: The Adventures of Alexander von Humboldt, the Lost Hero of Science*, John Murray Publishers, 2016〕が、エコロジーの観点からその仕事を捉えている。ついでながらエコロジーについては、かつて『InterCommunication』第六三号「アートと社会のエコロジー」特集（ＮＴＴ出版、二〇〇六）に、「年表・エコロジー３００年史」を作成・公開したことがある。文脈を知りたい向きはいまでも参考になるだろう。

味のない音から、そのつどここで述べたような意味を想起してもらえたら、という意図がある。分からなくなったら本節に戻って確認されたい。

2-2　三つのエコロジー

ところで、人間とその記憶のエコロジーと言っただけではまだ漠然としすぎている。もう少し具体化したい。

本来であれば、現在、人間がこの世界のなかで、どのような環境に生きているのかについて、網羅的に捉えたいところ。私はつねづね人間が環境を構成する諸事物とどのような関係を結んでいるかについて、誰もが一望できるように、一枚の大きな図に表現してみたいと考えている。ただし、それは本書の目的を大きく逸脱している。ここではそこまで欲張らず、必要な範囲で捉えてみたい。そこでエコロジーをいくつかに分類してみる。

さて、そこでもう一つ、ものの見方を借用しよう。フランスの精神科医フェリックス・ガタリが、かつて「三つのエコロジー」という考え方を提示している。[★2] どういうことか。

ガタリが『三つのエコロジー』という本を刊行したのは一九八九年のこと。二〇世紀後半は、世界各地で公害や地球環境の破壊に目が向くようになり、環境保護運動が本格化した時代でもあった。

ガタリは、技術の発展にともなって地球に生じた環境の変化を、このまま放置すれば、地上における生命の存在が脅かされることになるだろうと考え、この問題に対応するために三つのエコロジーという見方を提出したのだった。また、そうした見方に立ってものを考えることを「エコゾフィ」とも名付けている。

ところでエコロジーとは、いま見たように、もとは生物の生態を捉えるために考案された見方だった。人間も生物の一種であり、同じように人間のエコロジーを考えることができる。ただし、人間の場合、自分たちで自然を大きく変化させたり、人工物をつくったりもする。また、言語や記号を使って精神のうえでさまざまなものを生み出したり捉えたりもする。そこで、自然環境だけを念頭にエコロジーを考えるだけでは足りない。ガタリは三種類のエコロジーについて考える必要があるという。

その三つのエコロジーとは「自然」「社会」「精神」を指す。自然という環境、社会という環境、精神という環境、これらをいったん分けた上で、各側面についてエコロジーを考えようというわけだ。一つずつ簡単に確認しておこう。

★2――フェリックス・ガタリ『三つのエコロジー』（杉村昌昭訳、平凡社ライブラリー、平凡社、二〇〇八）。原書は Félix Guattari, *Les trois écologies* (Éditions Galilée, 1989)。

＊

「自然」は、この宇宙やそのなかにある地球、地球で生じる自然現象、そこに存在する動植物を含む環境を指す。

地球で生じる自然現象は、地球だけで成り立っているわけではない。太陽がなければ、朝と夜の区別もなく、季節の変化もない。月がなければ、潮汐《ちょうせき》も生じない。地球という天体で生じる自然の出来事は、宇宙のなかで、他の天体との関係のなかで生じている。

また、そうした自然現象には、どうやら万有引力をはじめとする共通法則があり、諸物に共通する素粒子のような構成要素があることも分かっている。

人間を含む動植物の仕組みについても、完全に解明されたわけではないが、遺伝や発生、解剖学的・生理学的な機構など、ある程度分かっていることもある。

私たちは、こうした自然について、基本的には物理的な要素の関係とその変化として捉えている。そしてこれは、他の二つの要素、「社会」と「精神」にとって基礎となる環境である。すべては自然を基礎として成り立っている。この領域については、もっぱら自然科学が対象として探究している。

次に「社会」とは、そうした自然を基礎として人間の集団がおりなすものだ。

人間は誰も一人で生きているわけではない。意識しようがしまいが、直接的・間接的に他人との関わりあいのなかで生きている。住む、着る、食べる、話す、働く、といった活動は、いずれも他人との関わりのなかで行われるものだ。あるいは、生活のなかで使っているさまざまなモノにせよ、制度にせよ、言葉にせよ、私たちは誰かがつくったものを利用している。

　他人との関係という点で見れば、身近なところでは家族や友人、地域や学校・会社などの各種組織、国やその集合のようなものまでが含まれる。そこでは、言語、生活、農耕、生産、政治、経済、法律、教育、軍事、創作その他の営みが共同で行われている。

　社会をどのような単位で捉えるかについても、さまざまな見方があるだろう。いずれにしても、全人類が一つの社会に属するというよりは、世界中に複数の社会が重なり合いながら存在しているように見える。ここではおおまかに、他の人間との関係と思っておけばよい。これは社会科学が対象とする領域である。

　最後の「精神」とは、個人の内面を指す。あるいは「精神」の代わりに「個人」としたほうが分かりやすいかもしれない。

　人はそれぞれが一人の人間であり、それぞれが心身をもっている。人間を「心」と「体」に二分するのは、人間を理解するための便宜である。

　人の体は、外から、つまり他の人からも知覚できるものだ。それに対して心のほうは、そういうわけにはいかない。顔の表情や言動から、人の心を推測することはできるものの、体の様子を見るようには知覚できない。

精神についてはまだよく分かっていないことも多い。例えば「感情」や「知能」について、専門家たちが合意するような定義はなく、複数の説明が並存している。他方で、心の働きを「意識」と「無意識」に分けたり、「知情意」つまり「知能（思考）」「情緒（感情）」「意志」と分類して検討したり、「情動」と「感情」が区別されたりすることもある。本書で注目する「記憶」もまた、そうした精神の備えた働きの一つと考えられている。

また、心と体が互いにどのように関係しあっているかということについても、いまのところ人びとの間で合意された説明はない。それは心身問題、あるいは身体のなかでも心の座であると目されている脳に注目して心脳問題とも呼ばれる難問として知られている。

体のほうは、医学や生理学、神経科学などの方面から、物理的に探究が進められている。心のほうは、心理学や認知科学、精神医学などによって探究が進められている。同じ山を両側から掘り進んでいる両者がどこでつながるのか、まだ誰も知らない状態にある。

ただ、さしあたって私たちは、自分の経験からしても、なにか「心」や「精神」と呼ばれる働きがあり、それぞれが「主観」などとも言われる意識状態を備えていると考えることができる。人間の精神が生み出すものについては、人文学や技芸術の領域で扱われる。

以上の自然、社会、精神という三つの要素それぞれについて、そのエコロジー、つまりその要素をとりまき、様々な関係をもつ環境を視野に入れてものを考えること。これがガタリのいう三つのエコロジーという見方の意図するところだ。この区別は、いかにも大雑把だし万能というわけではない。とはいえ、記憶について検討する際、頭を整理する手がかりとして使える。

ときにはこの三つの要素は、必ずしも明確に区別できない場合もあるだろう。そういう場面に遭遇したら、道具の限界を確認するとともに、それがどのような状況であるかに気をつけることにしたい。

もう一つ注意点がある。ここでは、ガタリが考えようとした課題そのものを引き受けるわけではない。彼もしばしばそうしたように、「これはいい」と思った道具を拝借して、自分の課題のために使ってみようというつもりである。

そこで、言葉は借りるものの、三つのエコロジーという概念の使い方そのものは、必ずしもガタリ本人が意図したものに即しているとは限らない。

2-3　第四のエコロジー

さて、早速だが少々アレンジを加える。ここでは、ガタリのいう三つのエコロジーにもう一つ、「技術のエコロジー」を加えようと思う。ガタリが技術を見落としていたわけではない。むしろ強く意識していたはずだ。

ただ、彼が『三つのエコロジー』を書いた一九八九年当時と比べて、格段に変化したものがある。そう、一九九五年あたりからインターネットが一般利用されるようになり、通信環境が激変している。

また、コンピュータの性能も大きく向上し、一九八〇年代や九〇年代には、そうしたくても実現できなかった各種の人工知能が、個人用のコンピュータでも動かせるようになった。ウェブの検索、機械翻訳、画像認識、音声認識、ゲームの遊び相手、動画や商品のレコメンド、自動運転などなど、生活のさまざまな場所で私たちは「人工知能」と呼ばれるプログラムを使っている。そしてこれもまた、インターネットと無縁ではない。そうした人工知能のプログラムでは、しばしば人間がとった行動のデータをお手本にしている。そのデータは、インターネット上での人びとの活動から時々刻々と生じるものであり、収集しやすくなったものでもあった。

こうした技術環境の変化を、社会の一部として捉えてもよい。だが、ここで私たちが検討する記憶というテーマに関していえば、技術環境はとても大きな要素でもある。その様子は、第一章で検討した『イノセンス』の例にも示されていた。

ここで「技術」とは、もっぱらのところ、いま述べたようなインターネットやコンピュータによる通信技術を指している。

コラム6　人工知能

「人工知能」とはArtificial Intelligenceの訳語である。

　いかにもものものしい名前だが、その正体はコンピュータのプログラムだ。人工知能の発想の出発点には、「コンピュータは人間のようにものを考えたりできるだろうか」「コンピュータは知能をもてるだろうか」という問いがあった。なにか知能のような働きをもつプログラムを、二〇世紀半ばころから「人工知能」と呼ぶようになった。

　ただし、この名前に惑わされないように注意したい。少なくとも現在のところ、この名前に値するようなプログラムはまだ登場していない。目下のところ、人間のように「チェス」や「将棋」といったゲームをプレイしたり、言葉の翻訳をしたり、画像に写っているものを特定したりといった、それぞれ特定の機能をもったプログラムが実現されている段階である。

　他方で、人間の知能とはなんなのかということも、いまのところ合意された定義があるわけではない。言ってしまえば、私たちは「知能」の正体を知らない状態にある。

　こうした点については、人工知能という言葉が登場する以前、知能をもった機械（コンピュータ）があり得るとしたら、それはどんなものか、なにができるはずかを考え抜いた、イギリスの数学者、アラン・チューリングの論考を読まれるとよい。チューリングの知能機械にかんする論文は、『コンピュータ理論の起源［第1巻］チューリング』（伊藤和行編、佐野勝彦＋杉本舞訳・解説、近代科学社、二〇一四）でまとめて読むことができる。
　また、「人工知能」という概念が登場する前後の歴史については、杉本舞『「人工知能」前夜——コンピュータと脳は似ているか』（青土社、二〇一八）で確認できる。

ゲームAIエンジニアの三宅陽一郎は、『人工知能のための哲学塾』『同 東洋哲学篇』『同 未来社会篇』（BNN新社、「未来社会篇」は大山匠との共著）で、真に人工知能の名に値するものをつくるとしたら、それはどのようなものであるはずか、目下のところなにが不足しているかということを検討している。

　そこで、ガタリのいう三つのエコロジーに「技術」を加えて、四つのエコロジーという見方をとってみようというわけである。[★3]

　四つのエコロジーをいったんこのように図示しておこう（左図）。「精神」とは個人の精神のことだった。個人の集合によって「社会」が形成される。精神にせよ社会にせよ、その根底には「自然」がある。この宇宙のなかのこの地球のなかで私たちは生きている。

　図では「自然」のなかに「社会」があり、さらにそのなかに「精神（個人）」を位置づけてみた。「技術」をどこに入れるかは、考え方によって様々だろう。ここでは、こう考えて

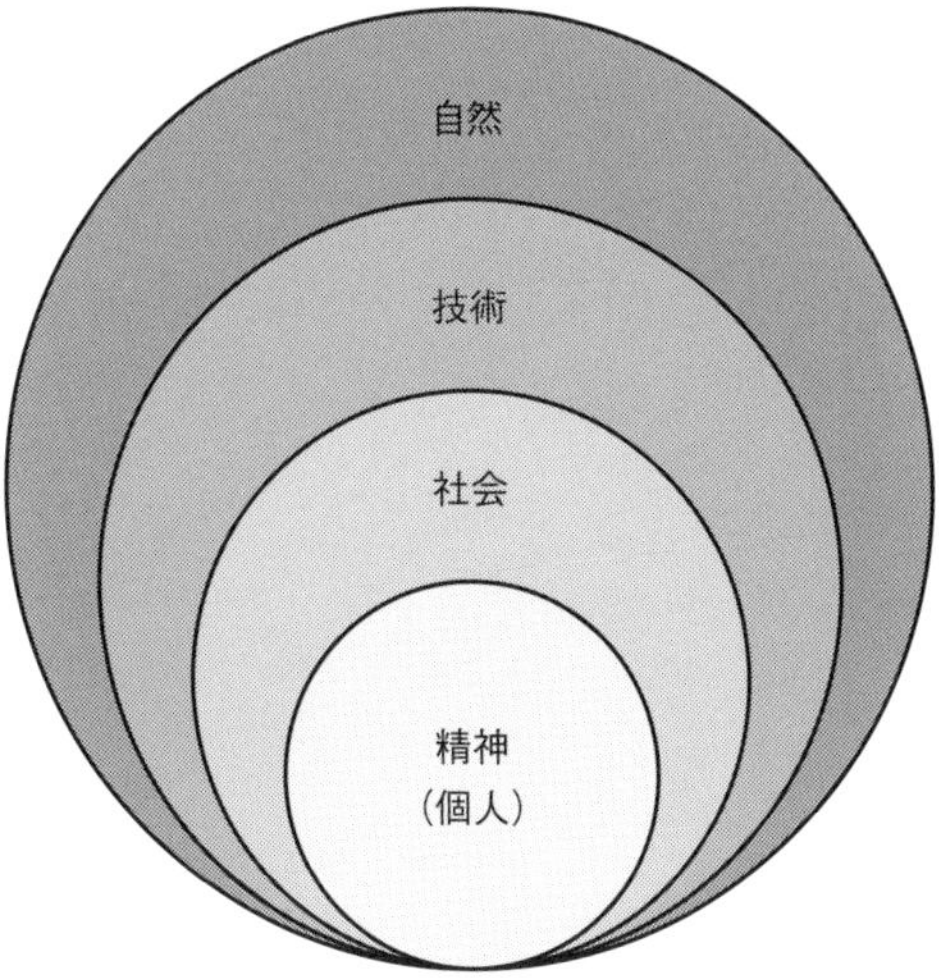

みる。「技術」は「自然」を利用したものであり、「自然」なくして「技術」もない。そこで「自然」の内側に置かれる。また、「精神（個人）」によって生み出されるアイデアから「技術」がつくられ、技術は「精神」にとって環境となるという意味で、「精神」の外にある。問題は「社会」と「技術」の関係をどう捉えるかだ。

ここで「技術」とは、もっぱらインターネットに代表される世界規模の通信技術環境を念頭に置いている。このように見た場合、「技術」環境は、個々の「社会」の内側というよりは、

★3――ルチアーノ・フロリディは『第四の革命――情報圏《インフォスフィア》が現実をつくりかえる』（春木良且＋犬束敦史監訳、新曜社、二〇一七）〔Luciano Floridi, *The Fourth Revolution: How the Infosphere is Reshaping Human Reality*, Oxford University Press, 2014〕において、デジタル情報通信技術が、人間にとって第四の革命をもたらしているという見立てを提出している。そこではインフォスフィア（情報圏）が、人間の生きる環境となっており、それが人びとに影響を与える様子を描いている。ここでの関心とも重なる見立てである。

それらをも囲む環境であると見ることができる。そこで、このような見方にたって、図では「技術」を「社会」の外側に置いてみた。★4

　これは、四つの環境の関係をいったん整理してみるための便宜的な図だ。検討を進めるために置いてみる仮説のようなものである。個別に検討するなかで、この図が必ずしもいつでも妥当するわけではないことが分かれば、より適切な形に変えるなり、放棄するなりしよう。

　他にもいくつかの道具を使うつもりだが、あとは必要になるつど説明することにして、実際に検討に入ろう。

★4――どのような技術も、ある社会に所属するある個人やその集団が生み出すという意味では、社会の中から生まれる。そのように捉える場合、技術は社会の内側に描かれることになる。

第3章 記憶と自然

ここから四つの章を通じて、私たちの記憶がどのようにかたちづくられているか、その条件について検討してみる。

その際、前章で述べたように、手がかりとして四つのエコロジーという見方を用いる。自然、社会、技術、精神という四つの観点から、記憶にかかわるエコロジーを見ておこうというわけだ。

といっても、網羅的に検討するのがここでの目的ではない。あくまでも「現在の情報環境のなかで、どのように自分の記憶を世話できるか」という本書の課題に見通しをつけるのが目的である。四つのエコロジーについても、その検討に関わる限りで確認する。それぞれのテーマについて、さらに探究したい人のために、そのつど関連する文献を示すので、本書の範囲を超えて考えたい場合の参考になればと思う。

3-1 記憶の土台となる自然

さて、まず自然のエコロジーという観点からとりかかろう。

ここで「自然」とは、この宇宙から人間がつくりだしたものを差し引いた残りのものを念頭に置いている。例えば、私たちが暮らしている地球という天体。その天体に存在する事物や動植物、そこで生じる気象や地象や海象などの現象。地球を含む宇宙とそこに存在する事物や現象。こうしたものを自然としておこう。私たち人間も、そうした自然の一部である。

これまで人間は、自然のなかにさまざまな法則を見出してきた。自然の法則とは、自然のなかで繰り返し生じる現象に共通の性質を捉えたものだ。ニュートンが体系化した運動の法則や万有引力の法則はよく知られているものの一つ。その法則を表した数式を使うと、例えば天体の運動を予測できる[★1]。

あるいは、自然の構造もさまざまに解明されつつある。

例えば、この宇宙はなにからできているかという構成要素については、多様な素粒子が特定されたり、こういうものがあるはず、とその存在が理論的に予想されたりしている。地球上に存在する鉱物や私たちを含む動植物の体も、そうした素粒子からできていると考えられる。また、生物の体は遺伝子をもとに構成され、種ごとに共通の構造や機能をもち、生まれてから死ぬまで変化し続ける。体内でも各種の化学反応や生理的な働きがあり、そこには法則が見出されている。

こうした自然については、物理学、化学、生物学、地学、生態学、生理学、神経科学などをはじめとする、自然科学の諸領域で探究が続いているところだ。

なぜこんな話をしているのか。本書で注目したい人間の記憶も、まずはそうした自然が生み出した生物に備わる働きであることを確認しておきたいと思ってのこと。とりわけ現在では、記憶の座は脳にあると考えられており、神経科学の分野を中心として研究が続いている。自然のエコロジーという観点から見た場合、まずは大きな構図として次のようなことを念

★1――そうした物体の運動の説明をニュートン力学ともいう。ただし、三つの天体が互いに引きあうような場合、「三体問題」といってそうした法則だけで予測することはできない。また、光速に近い運動や、素粒子のサイズの現象についても、ニュートン力学ではうまく捉えられないことが分かっている。なお科学の諸分野で発見されてきた法則については、山崎昶編『法則の辞典』（朝倉書店、二〇〇六）に集められている。

頭に置いておきたい。

人間はいつも必ず、この宇宙のどこか具体的な場所にいる。大半の人は地球上におり、ごく一部の人は地球を離れた場所、例えば宇宙ステーションなどにいる。いずれにしても私たちは、自分がいる場所を空間として認識している。大地があり、その上に直《じか》に立つこともあれば、大地の上に建てられた建築物の上にいることもある。

私たちは、自分がどこにいるかを区別し、知るために、土地に名前を与え、さまざまな地図をつくり、使っている。また、全員がそのように恵まれているわけではないが、住む場所を定めて、そこを起点に生活している。

私たちは、そのつど自分がいる場所で、自分の体に備わった五感を通じて、その機能の及ぶ範囲で周囲の空間を知覚したり、認識したりしている。現在は、情報技術によって離れた空間の出来事についても、映像や音声などを通じて見聞することもできる。その場合、通信に必要な時間、発信源の装置から発せられた信号が、電波や光として伝播して、受信装置に到着するための時間だけ遅れることになる。

私たちは時間というモノサシも使う[★2]。

その基本になっているのは、太陽と地球の位置関係とその運動から生じる朝と夜という自然の変化だ。私たちは、その一巡を一日という単位の繰り返しと見る。さらに長期的には日の重なりから季節の繰り返しを、あるいは一年という単位の繰り返しを見てとる。

いま「繰り返し」と述べた。これは、天体の運動によって生じる変化のなかに、人間が同じ時間の長さを見てとり、それを「繰り返し」と見なしているわけである。実際には、寸分違わず同じことが繰り返されているわけではない。太陽も地球も変化しながら動き続けているだけであり、そこに繰り返しを見てとるのはあくまでも人間である。天体の円運動も、なにかが繰り返すという印象をもたらす一因なのだろう。私たちは、古来、暦をつくり、曜日を区別し、あるいは時計によって一日を均等な時間に分けて、現在がそうした時間のなかのどこに位置しているかを区別してきた。

こうして自然とその変化に基づいて、空間と時間という二つの要素について、私たちはそれを区別したり特定したりするための尺度をつくり、共有している。

自分はどこにいるのか、いまはいつか。この要素は、私たちの記憶にとって重要な土台となる。それというのも、私たちは生まれてから運がよければ百年ほどの時間を生きるわけだ

★2――時間というなにかが実際に存在するかどうかについては、さまざまな意見がある。例えば、物理学者のカルロ・ロヴェッリは『時間は存在しない』（冨永星訳、ＮＨＫ出版、二〇一九）〔Carlo Rovelli, *L'ordine del tempo*, Adelphi Edizioni, 2017〕で、物理的には時間は存在していないと論じている。時間について科学史的に検討しているジュリアン・バーバー『なぜ時間は存在しないのか』（川崎秀高＋高良富夫訳、青土社、二〇〇二）〔Julian Barbour, *The End of Time: The Next Revolution in Physics*, Oxford University Press, 1999〕も参照されたい。

が、そのあいだ常に必ずある場所にいてなにごとかを経験している。経験といえばいささか漠然とするものの、そのときいる場所において、心身に生じる変化というほどの意味だ。

例えば、誰かと食事をともにするとか、公園でぼんやりと一人座っているとか、会社のデスクに向かって働いているとか、旅行先のホテルのベッドで寝ているとか、そんなふうにしてなにごとかを経験している。

生まれてから死ぬまでのあいだ、絶えず私たちは具体的な空間と時間においてなんらかの経験をしている。そしてそのうちの一部が、脳裡に記憶として記銘される。その際、場所と時間は、記憶を区別する手がかりにもなる。

3-2 記憶の神経的基盤

自然の空間とそこで生じる変化は、人間に記憶をもたらす外部環境である。他方で、人間がなにかを記憶する体のしくみがある。ごく基本的なことを教科書的に確認しておこう。

記憶の座は、脳にあると考えられる。脳は千数百億もの神経細胞がネットワークをなしたもの。神経細胞は、シナプスと呼ばれる隙間を介して互いに接近しあっており、神経細胞から神経細胞へと電気的信号を伝えたり、伝えなかったりという働きをする。各種の感覚から入ってくる各種の刺激などによって、この神経細胞のあいだを電気的信号がさまざまな経路で伝わる。こうした神経細胞の活動の仕方によって、シナプスの結合の強さが変化して、いうなれば神経細胞の回路が組み変わる。これが記憶の基礎にある仕組みである[★3]。

記憶には「記銘」「保持」「想起」という過程がある[★4]。

「記銘」は、見たり聞いたり触れたりといった感覚から記憶をかたちづくること。

「保持」は、記銘した記憶を保つこと。

「想起」は、保持した記憶を思い出すことを意味する。

覚える、保つ、思い出す、という状態が区別されるわけだ。これに加えて「忘却」、忘れるという状態もある。

★3――こうした記憶の神経科学的な機序については、さまざまな本が書かれている。入門書としては小倉明彦『つむじまがりの神経科学講義』（晶文社、二〇二〇）がある。同書では、はじめに脳の構造を解説した上で、主に記憶について論じている。記憶にフォーカスした教科書として、エリック・R・カンデル＋ラリー・R・スクワイア『記憶のしくみ』（上下巻、小西史朗＋桐野豊監修、講談社ブルーバックス、二〇一三）がある。脳全体の仕組みとその中における記憶の位置づけについては、『カンデル神経科学』（金澤一郎＋宮下保司監修、メディカル・サイエンス・インターナショナル、二〇一四）〔Eric R. Kandel, James H. Schwartz, Thomas M. Jessell, Steven A. Siegelbaum and, A.J. Hudspeth, *Principles of Neural Science*, 5th Edition, McGraw-Hill Education, 2012〕のような教科書を見るとよい。

★4――この三つの過程については、いくつかの異なる呼び方がある。例えば「記銘」については「獲得」や「形成」、「保持」には「保存」「貯蔵」など、「想起」には「再生」など。

記憶の状態については、さまざまな分類が提案されている[★5]。

例えば、「感覚記憶」（瞬間で意識されない）「短期記憶」（数十秒の記憶）「長期記憶」（数分から一生にわたる記憶）という分類がある。これは、記憶が維持される時間の長さによる。

記憶は、繰り返しによって定着するほか、恐怖やショックなどの強い印象を受けたことなどは一度きりの経験でも記憶に刻まれる。それこそ、かつてものの本で読んで、驚いたのでよく覚えていることがある。昔、ヨーロッパでは「非常に重要な出来事を〔子どもに〕記憶させておくために、不意に子供の横っ面を張ったり、あるいは子供の耳たぶをつねる、という習慣があった」という[★6]。あるいは川に突き落とすという話も見かけたことがある。人間の記憶の仕組みをよく弁《わきま》えたやり方だが、子供にしてみればいい迷惑である。

長期記憶は、内容によっても分類される。「陳述記憶」（言葉にできる）「非陳述記憶」（言葉にできない）という分け方はその一つ。陳述記憶には「エピソード記憶」といって、経験した出来事の記憶や、「意味記憶」のように言葉の意味、知識に関する記憶もある。非陳述記憶としては、「手続き記憶」といってタイピングや自転車の運転のように体で覚える記憶などがある。

あるいは、短期記憶の使い方として、ワーキングメモリ（作業記憶）という分類もある。これは、暗算をしたり、将棋で次の手を考えたり、いくつかの要素をあわせて処理するような場合の記憶の使われ方のことである。

こうした記憶の分類は、どのように行うのか。一つには、病気で脳の機能が損なわれた人や、治療によって脳の一部を切除した人などのケースから明らかになることがある。例えば、新しい経験を記憶できなくなったにもかかわらず、言葉はそれまで通りに使える。つまり、エピソード記憶は働かないが、手続き記憶は保たれている、という具合だ。記憶は、加齢や認知症などによっても変化してゆく。[★7]

自然のエコロジーという観点から、人間の経験の土台を成す空間や時間という要素と、人間の記憶を成り立たせている神経学的基盤について簡単に眺めてみた。他の三つのエコロジーは、この自然のエコロジーを基礎として成り立つものである。

★5——記憶の分類がどのように提唱されてきたかについては、次の論文で既要と出典を確認できる。Markus Werning and Sen Cheng, "Taxonomy and unity of memory," in Edited by Sven Bernecker and Kourken Michaelian, The Routledge Handbook of Philosophy of Memory, Routledge, 2017.

★6——ヤーコプ・グリム「法の内なるポエジー」（堅田剛訳、『ドイツロマン派全集』第一五巻、国書刊行会、一九八九、二五九ページ）

★7——老化と記憶の関係について解説した本に、増本康平『老いと記憶——加齢で得るもの、失うもの』（中公新書、二〇一八）、山本啓一『老化と脳科学』（集英社インターナショナル新書、二〇一九）などがある。いずれも論じられている内容の典拠となる論文が明示されており、どのような研究がなされているのか、さらに詳しく知りたい向きにも役立つ。

第4章

記憶と社会

次に記憶と社会という観点から見てみよう。

ここで社会とは、大まかに、個人としての人間に対して、そうした人間が集まった状態というほどの意味である。

記憶といえば、個人のものと思われがちである。だが実際には、私たちは家族や友人、学校や職場やネットの知人たち、あるいは様々な他人とのあいだで記憶を共有している。同じ出来事を経験した者同士なら、そのときの記憶も共有している。ただし必ずしも一致するわけではなく、それぞれの人によって食い違いもある。

また、人びとが記憶を共有するからこそ成り立つものもある。これは歴史家のユヴァル・ノア・ハラリが『サピエンス全史』で挙げていた例だが、会社というものは、この世界のどこかに「これが筑摩書房です」という有形のモノとしてあるわけではない[★1]。例えば、建物や仕事場の机やコンピュータといった会社の備品が会社なのではない。そこにいる社長が会社なのでもない。株主が会社なのでもない。会社とは、それらの人のあいだで取り結ばれた契約によって、そのようなものがある、と設定されたなにものかなのだ。法律で認められた、そういってよければ言葉の上で創造された存在である。ハラリの言い方を借りれば、私たちはそうした虚構を共有しているということになる。

ここでの私たちの関心に照らして言い換えれば、国家や法律や企業その他、人間がつくる組織は、人びとの頭のなか、記憶の上にのみ存在するものだと言えるだろう。といっても、それは幻想であって、意味のないものだ、ということではない。まったく逆で、むしろモノとしては存在していないのにもかかわらず、人間たちは共同して、そのような各種の組織や仕組みを存在するものとして扱い、運用している。これなども社会的な記憶のあり方と見る

★1――ユヴァル・ノア・ハラリ『サピエンス全史――文明の構造と人類の幸福』（柴田裕之訳、河出書房新社、二〇一六）〔Yuval Noah Harari, *Sapiens: A Brief History of Humankind*, 2014（ただし原書のヘブライ語版は二〇一一）〕第二章「虚構が協力を可能にした」から。

ことができる。実際にそんなことは起きないだろうけれど、明日世界中の人びとの記憶から、日本という国にかんする記憶が消えたらどうか。それでも日本という国は存在していると言えるだろうか。

　言語や歴史なども、個々人が勝手につくりだすものではない。言語は、長い時間をかけてその言語を使う人びとが、つくってきた語彙や表現を受け継いでいる。私たちが使う言葉は、そのほとんどが、過去に誰かがつくったものだ。また、言葉は他人に通じてこそ意味がある。他人に読まれたくない秘密の日記を書くために、自分専用の言語をつくるというケースは考えられるが、日常的には他人と共有してなんぼである。これなども、言葉とその意味や使い方についての記憶を、他人と共有している社会の記憶として捉えることができるだろう。

　また、過去の歴史についても、いつなにが起きたのかという記録や遺物があり、それを誰かが観察・分析・記録して、「このようなことがあった」と記述してこそ、私たちもそれを学び、検討し、知ることができる。例えば、一八六七（慶應三）年に徳川慶喜が政権を朝廷に返して、大政奉還が成立した、という歴史の事実を、その目で見た人はすでにこの世にいない。当時の記録や遺物などの史料が伝える出来事とそれに対する解釈を、知識として私たちは自分の長期記憶に入れることで、そのような歴史を認識するわけだ。歴史もまた、社会的な記憶の一例である。

このように考えると、私たちの記憶は、そもそも他の人たちとのあいだでこそ成り立っているという次第も納得がゆくだろう。[★2] 以下では、そうした記憶にかんする社会のエコロジーを考えるいくつかの例を検討してみよう。

4－1　共同の記憶と争い

『記憶の暗殺者たち』という本がある。[★3] 書き手はフランスの歴史家ピエール・ヴィダル＝ナケ。

この書名が雄弁に語っているように、過去の記憶を葬り去ろうとする人びとがいる。いわゆる歴史修正主義者だ。この本では、第二次世界大戦中のドイツで行われたユダヤ人に対するジェノサイドをなかったことにしようとする者たちへの批判が行われている。

★2――この点については、集合的記憶という見方を提示して、記憶の社会的側面に人びとの注意を向けたモーリス・アルヴァックスの仕事を参照されたい。邦訳されたものに『記憶の社会的枠組み』（鈴木智之訳、ソシオロジー選書5、青弓社、二〇一八）〔*Les cadres sociaux de la mémoire*, 1925〕、『集合的記憶』（小関藤一郎訳、行路社、一九八九）〔*La mémoire collective*, 1950, 1968〕がある。また、金瑛『記憶の社会学とアルヴァックス』（晃洋書房、二〇二〇）は、この二冊の読解を中心として、他の記憶論も参照しながらその可能性を検討している。

★3――ピエール・ヴィダル＝ナケ『記憶の暗殺者たち』（石田靖夫訳、人文書院、一九九五）〔Pierre Vidal-Naquet, *Les Assassins de la Mémoire*, 1987, 1991〕。

過去の歴史をめぐっては、日本でも争いが絶えない。特に先の戦争での日本軍による南京大虐殺や従軍慰安婦の問題については、いまもなお歴史修正主義的な見方が後を絶たない。戦争責任を巡っても意見が分かれている。

そこでは、過去の出来事に関わる史料やその学術的な解釈について、どの程度学んで理解しているか、いないかという各人の記憶の状態に加えて、過去がどのようなものであって欲しいかという願望も混ざりこむため、話はさらにややこしくなる。

過ぎ去った過去の出来事は、それを経験した人たちが存命であれば、その人たちの記憶のなかに、経験した人たちがもはや地上に残っていなければ、ただその痕跡だけがある。

例えば『平家物語』という物語が伝存している。いくつかの写本があり、なかには書き写した人が分かっているものもある。だが、いつどこで誰がつくったのか分かっていない。

同じ過去の出来事を記述しても、人によって必ずしも一致しないのは、残された材料（史料や遺物など）が限られているのに加えて、それに対する解釈も人によって違うからだ。

また、歴史を記す者が人間である以上、有限の時間、有限の量の文字で記す。例えば、現在の情報環境では、昨日一日の出来事について、ネット上に厖大な記録や投稿がある。しかし、だからといってそれを全て寄せ集めてみたところで、世界の一日を完全に記述できるわけではない。そもそも何を記せば完全な記述になるのかさえ分からないわけだが。

使える材料、使える紙幅、書き手の知識や歴史観などの組み合わせによって、歴史が記述される。事の次第からして厖大な省略が生じることになる。だから過去は誰にも正確には分からない、という意味ではない。いつも私たちは、そのような条件の下で、それでも過去の出来事について探究し、こうであっただろうという像を提示し、検討の末に可能であれば合意するわけである。

後日、関連する新たな史料が出現したり、新たな見方が提示されたりすれば、何度でも倦《う》むことなくこのプロセスを繰り返す。不完全ながら、ここまでは分かったと言えるという領域と、ここから先は分からないという領域を確認し直し続ける。歴史を探究する学問に歴史学がある。歴史学とは、そのつど終わりなき近似を目指す営みである。それは人びとのあいだで過去の記憶をいかに共有するかという試みでもある。

これは歴史学に限らない。日常人びとが交わす会話、戦没者を追悼し平和を祈念する日のような記念日の制定、儀式や催し、記念碑や記念館などのモニュメント、メディアによる報道、批評を含む各種の出版物、小説や詩、絵画、写真、映画をはじめとする創作物、過去に戦争や事故などの惨事が生じた土地をめぐるダークツーリズム、政治、教育など、日々の暮らしから国家の水準まで、多様な過去の捉え返しや表現がなされている★4。

また、日本では、歴史の見方について国家が少なからぬ役割を果たしている。教科書検定という仕組みがあり、なにを日本の歴史として教育することを認めるか、という共同の記憶について、その歴史教育を受ける人びとの歴史観についてコントロールを利かせており、これまでも論争の火種となってきた。

ここではその是非ではなく、教育内容を通じて、共有すべき記憶が選定されているという事実に目を向けておこう。私たちの記憶のあり方について考える際、社会というエコロジーを考慮する必要があるのはこのためである。

4-2 教育による記憶の共有

教育に少し目を留めておこう。

私たちは小中学校の義務教育、あるいはその先の高等学校や専門学校や大学や大学院などにおいて教育を受ける。学校での教育は、そこで教育を受ける人びとの記憶を形成するうえで大きな役割を果たしている。小学校の六年、中学校の三年、高校の三年で、どのような知識をどのような割合で、どこまで教えるか。これについては、文部科学省による学習指導要綱で方針がつくられている。

ここで「知識」とは、各学術領域において一定の合意を得ている、いわば常識と称しても問題の少ない知見という程の意味。

まだ複数の仮説が競合しており、いずれがより妥当であるかが不明なことを、教科書で教えることは少ないだろう。ただし、歴史を振り返ると、そうした例もある。明治期から昭和初期にかけての「国語」の授業では、日本語の文法をどのように教えるかについて、統一見解がなく、教科書によって異なる学説を採用していた。ある教科書では時枝誠記が唱える文法を採用し、別の教科書では橋本進吉の文法にのっとり、という具合で、同じ日本語文法の教科書でありながら、教える内容も違っていたわけである。これは後に、橋本文法に基づく教え方に一本化されて現在にいたる。といっても橋本文法が唯一妥当な日本語文法であることが判明したからではなく、競合する文法学説のなかで比較的教えやすいものだったからだ。

いま紹介した日本語文法の例では、どの教科書で学んだかによって、日本語文法に関する知識が人によって異なるという状況をもたらしたと考えられる。言い換えれば、日本語文法に関する記憶は、使った教科書によって違っていたわけだ。同じ科目であっても、使う教科

★4――例えば、福間良明『戦後日本、記憶の力学――「継承という断絶」と無難さの政治学』（作品社、二〇二〇）は、戦争の記憶について、空間の力学、文化の力学、社会の力学といった諸々の力の絡み合いのなかに見る試みであり、記憶と社会の関係を窺う上で好材料である。同様にポール・コナトン『社会はいかに記憶するか――個人と社会の関係』（芦刈美紀子訳、新曜社、二〇一一）〔Paul Connerton, *How Societies Remember*, Cambridge University Press, 1989〕は、社会の記憶を「歴史の再構築の活動」と位置づけて検討している。

書や教師によって、それを学ぶ生徒や学生の得る知識、記憶の状態は左右される。そのことは現在も変わらない。

例えば、全国の小学生が、全員YouTubeで同じ「算数」の動画を見て学ぶといったことでもない限り、教師による違いは生じる。それ自体は問題ではない。ただし、教師の方針によっては、かけ算の順序問題のような数学的には無意味な、むしろ理解を阻害しかねない話に巻き込まれる可能性もある。つまり、かけ算ではA×BもB×Aも同等であり、数学では両者は区別されない。ところが、小学校の算数において、文章問題を解く際、文章の構造を反映した順序でかけ算の式を組み立てないと、答えが合っていたとしても不正解にするという奇習を採用する教師がいる。この方針で教え込まれた子供は、その知識のせいで、後にA×BとB×Aが等しいことを理解するのに苦労するかもしれない。[★5]

学校でどのような科目をどの程度教えるかという設計は、そこで学ぶ人びとの記憶（主に意味記憶＝知識）の形成に甚大な影響をもつはずである。そして教育の設計は、時代や文化によっても違っている。

例えば、孔子が活動した古代中国の六芸《りくげい》のように、礼、楽《がく》、射（弓）、御《ぎょ》（馬）、書、算と、他人との付き合い方や、自分の体や動物の制御を含むものもあれば、中世ヨーロッパの自由学芸（現在でいうリベラルアーツの源）のように、文法、修辞、弁証、幾何、算術、天文、音楽と、世界を捉えたりそれを表現したりすることに重きを置く教育もある。

高校卒業までの過程で、学術（学問・技芸術）について、なにをどのように身につけておくか、自分の記憶を世話しておくかということは、本来その先の人生を生きていく上でも非常に重要なことだと思われる。

だが、無理からぬことだが、学校の教育がそのような意味をもつ、一種、知のサヴァイヴァルキットであるということが分からない子供としては、なぜそのようなことを学ばねばならないのか、意味が分からないだろう（かく申す私もそうだった）。ましてや、まだ将来のことなどとんと分からないし、五年後に世界がどうなっているかも分からない高校二年生や三年生の段階で、理系か文系かとコースを選ばせるのは、かえってその後の人生の選択を狭めすぎているのではないかとも思う。

この点については、例えば、なぜ小中高の科目が現在のように分かれているのか、それぞれの科目は相互にどのように関連しあっているのか、それは現実世界においてどのような物事と対応しているのか、こういった科目全体に関する理解が共有されれば、それぞれの科目の教え方も学び方ももう少しよい方向へ変わるように思うのだがどうだろう。

★5――この点については、数学者の黒木玄が、twitter で多数の例を集めて紹介している。@genkuroki のツイート、もしくは「#超算数」というハッシュタグを参照のこと。

もちろん、大人になってから必要に応じて学ぶのでもよい。
高校を卒業するあたりまでで、よほど嫌な目に遭って、学術には二度と近寄りたくない、勉強なんてまっぴらごめんだとならない限りは、かえって学校を出たあとのほうが、勉強も捗《はかど》るかもしれない。

なにかを学ぼうという場合、「それを知りたい」「身につけたい」という関心や動機の有無がなによりの決め手である。実際、これまで中学生から社会人まで、さまざまな年齢や立場の人にものを教えてきた経験でいっても、仕事をしながら学びたいと思い、専門学校や大学院に来たという人たちは、誰よりも熱心に学ぶ姿勢を持っている。

ただし、中高生の名誉のために言えば、必要性を理解し、興味に火がつきさえすれば、嫌いだった数学も、ゲームをプログラムするために勉強しようという人が出てくるものだ。是非ともそうしたい、という強い動機を持っていることは、自分の記憶を世話するという観点から言っても大変有効である。関心のないものはいくら耳目にしてもとんと記憶に残らなかったりするものだ。

教育においては、そうした動機や人に応じてともに学び教える教師の存在ももちろん重要だ。どのような知識や技術を共有できるか、どのように自分の記憶の世話をできるかは、他人との共同作業によって決まる面もある。

社会のエコロジーという観点から見ると、学校に限らず、子供から大人まで、なにかを知り学ぶ機会、自分の記憶を世話する機会は、日々多様にあるのが見えてくるだろう。

4-3 アイデンティティ

アメリカのSF作家、フィリップ・K・ディックの小説では、しばしば主人公は、自分が何者であるかが分からなくなる。周囲の人びとが記憶している自分と、自分自身が記憶していることが食い違い、どうも自分だけがみなとは違う記憶を持っていたりするのだ。

自分では鈴木一郎という名前だと思っているのに、学校に行ったらみんなから「やあ、金子」「金子、今日の放課後ってヒマ?」と訊かれたりするようなものだ。おかしいのはみんなか自分か。

これは極端な例かもしれないけれど、記憶というものが自分だけで成り立つのではなく、他人との共同的なもの、社会的なものであるという性質を教えてくれる。

そう、人は一人で生きているわけではない。他人とともに生きている。ときとして、他の人と同じ場所にいて、同じ出来事を経験することがある。一つの家に住む家族との経験はそうした例だ。そしてこのとき、「同じ」出来事について、家族のメンバーによって違う記憶を持っていることがある。芥川龍之介の「藪の中」で、ある出来事の関係者が、みな違う証言をするように（そこには記憶だけでなく、意図的な偽証も含まれているかもしれないとしても）。

例えば、あなたにとって、遡《さかのぼ》れる限りでもっとも古い記憶はいつ頃のものだろう。何歳の頃の記憶か。また、具体的にはなにを思い出すだろう。映像のようなものだろうか。音声だろうか。それとももっと別のなにかだろうか。

私の場合、幼少時の記憶として思い出せることは、あまり多くない。生まれてから小学校低学年まで暮らした家については、間取りもなにも覚えていない。居間にテレビがあって、アニメや特撮を熱心に見たことをぼんやり思い出すばかりだ。

家で犬を飼っていた。当時はドッグフードなどではなく、ご飯に味噌汁をかけたような猫まんまのようなものを与えていた。私はそれを犬のもとへ運ぶことがあった。するとなかなか戻ってこないので、どうしたかと思って親が見にいくと、ボールに入ったご飯を手にとって、犬にあげては、今度は自分が食べるというふうにして、一緒に食べていたという。

以上のエピソードを、私は自分の経験としてはまったく覚えていない。つまり、私はたしかにそういう経験をした、という実感を伴ったかたちでは覚えていない。ただ、両親から何度も聞かされたために、「そういうことがあった」という話として記憶しているだけだ。また、犬と一緒に写った写真が残っているので、どうやら犬を飼っていたらしいことも分かる。

だが、この写真もまた、自分の経験としては記憶がない。

同じようにして、親からはその折々に幼少時の私に関するいろいろなエピソードを聞かされたものだが、そのほとんどは自分の経験として覚えがない。

両親が夕餉《ゆうげ》の席で晩酌をすると、小学校にあがる前の私がビールを飲みたがるので飲ませたとか、やはり小さい頃、腸にかかわる手術を受けたことがあるとか（これは手術の痕が残っているので事実であると分かるがやはり記憶がない）。

こうした語って聞かされたエピソードの記憶が何十もある。だが、経験としての実感はない。あまり気にしたことはないのだが、改めて説明のためにこう書いてみると、いささか不安にもなってくる。

それなら明確に覚えている最初の記憶はなにか。それがまったく覚束ない。

小学校三年生くらいの時分に、それまで住んでいた栃木県矢板市から、神奈川県横浜市に引っ越した。この頃のことになると、いくらか思い出せることもある。ただ、それにしても時系列で途切れなく思い出せるわけではない。断片的に、休日に担任の先生の家にクラスメイトたちと遊びに行ったとか、自転車に乗って隣町の模型屋までガンプラ（アニメ『機動戦士ガンダム』に登場するキャラクターやメカのプラモデル）を買いにいったとか、すぐ近所に住んでいた同級生で体が弱くあまり学校に来ない友人の家に様子を見にいって一緒に恐竜の絵を描いたとか……という具合に、断片的に思い出せるばかりだ。しかも、それらの出来事の前後関係がどうなのかも、じつは怪しい。

ただ、こんなふうに思い出しながら書いてみると、そこからさらに連想によって記憶が甦りもする。

私はよくガンプラを完成させた後で、爆竹をつかってこれを破壊したりしていた。当時、たいへんな人気で入手も難しかったものなのだから、大事にしておけばいいのに、なぜそんなことをしたのか分からない。ともかく組み立てて、ヤスリをかけて継ぎ目を削り、きれいに塗装までしたプラモデルを、爆破して遊んでいたのを記憶している。

そのプラモデルを売っていたお店は、とても狭いのに模型の入った箱が山積みになっていて、そのあいだに入りこんではあれこれ見たりした。お店のおじさんは、購入したプラモデルや塗料をビニールの袋に入れるとき、ぴったりくっついて開けづらいビニール袋の口をふっと吹いて一瞬で開けていた。私はその後ずっとその仕草を覚えていて、自分でもやっている。

――といった記憶の断片が、芋づるのように思い出されたりもする。ただしこれも先ほどと同じで、それぞれの断片の日付は分からない。

中学生くらいになってからラジコンに凝り始めて、やはりその店に買いにいったりしていたのだから、何度も訪れたはずである。だが、いつ行って何を買ったのか、買わなかったのかは思い出せない。そう、私はスポーツタイプの自転車に乗っていて、休みの日には下駄を履いて自転車を漕いでいた（たぶん、当時読んでいたマンガの影響）。それで一度、下駄がペダルにはまってしまって困ったことがあった。

――という具合に、これを書き始めるまで、何年も思い出したことがなかった記憶の断片も浮かんでくる。その記憶について考えていると、さらに別の記憶の断片が思い出される。しかし、自分で選んで思い出せているわけではない。ふと浮かんでくるという表現が相応《ふさわ》しい。

話を戻そう。そんなふうに、一方には切れ切れの記憶があり、他方には自分では覚えていないものの、身近にいた家族の証言によってつくられた記憶がある。これもまた一種の集合的記憶といってよいだろう。自分の経験としては覚えていないことを、それを見ていた他の人の記憶によって示される。そして、自分にはそういう過去の経験があるのだ、ということを、物語の登場人物について知るような形で記憶する。

では、もっと最近のことはどうだろう。例えば、日記や写真を見ずに、この一週間の経験をどのくらい思い出せるだろうか。

一週間といえば、物理的な時間でいえば、二四時間×七日で一六八時間分。こう書いてみることことさら意識されるのだが、私たちは過去の経験を丸ごとそのまま思い出すわけではない。昨日一日の出来事を二四時間かけて思い出したりはしない。というよりも、そのようにはできない。起きているあいだに行ったことの一部を覚えている。

　八時に目覚めて、顔を洗って着替えた。それからコーヒーを淹《い》れてトーストを一枚焼いて、バターとはちみつを塗って食べた。食器を洗って片付け、晴れていたので洗濯機に洗い物を入れて回す。軽く掃除機をかけてから机に向かって仕事にとりかかる。メールを読み、返信が必要なものに返事を書いて送る。書きかけの連載原稿の続きを書く。一三時になったのでお昼を近所の蕎麦屋で食べる。すこし辛いカレー蕎麦で、九〇〇円くらい。家に帰ると封書や注文してあった本が届いている。テーブルに並べて順番に開封する。電気の請求書、展覧会のお知らせ、金瑛『記憶の社会学とアルヴァックス』という本。コーヒーを淹れる。そのマグカップをもって仕事机に戻る……。

　こんなふうにして、なんとか時系列に沿って行ったことを思い出す。ここに書いたことのあいだにも、実際にはなにかしたかもしれない。例えば、ネットを見たり、頭をかいたり、書棚で本を探したり、お菓子を食べたり。あるいは、そのつど私の体の各部は、ある状態をとっていたはずだ。また、心もなんらかの状態にあっただろう。しかし、そうしたことの大半は、思い出そうにも思い出せない。

私たちは、行ったことや生じたことについて、断片的な記憶をもつ。また、同時代に生じていること、過去の歴史について、互いの記憶や過去の記録をいわば持ち寄って、「そうだった」と共有したり、「そうではなかった」と反目しあったりしている。

私たちの記憶は、自分一人の経験に基づくというよりは、ここで検討したように、他人との関係、社会のエコロジーの中で成り立っている。

たとえるなら、既にこの世を去った人びとや同時代を生きる人びととの間でお互いが見た同床異夢を比べあうようなものかもしれない。

第5章 記憶と技術

続いて記憶と技術の関係について検討してみよう。ここでは、コンピュータとインターネットを中心とする情報技術に注目する。そうした情報環境が、私たちの記憶になんらかの影響をもたらしていると予想されるからだ。第1章で『イノセンス』を材料に検討した際、ネット検索について論じた。以下では、それとは別にいくつかの例について眺めてみる。

5-1 完全な記憶

もし技術によって、人が完全な記憶やそれに近いものを手に入れたら、そのときなにが起きるだろうか。ＳＦの名手テッド・チャンの短篇「偽りのない事実、偽りのない気持ち」は、この問題を扱っている。

その世界では、網膜にコンピュータの映像を投影できる網膜プロジェクションの技術が存在している。また、多くの人びとが、常にパーソナルカメラを身につけて、四六時中ライフログを録画するようになっている。例えば、誰かと会って会話をした場合、その会話の一部始終も録画され、記録に残るわけである。

加えて「リメン」という検索ツールがある。このソフトウェアは、「ユーザーの会話を監視して、過去の出来事についての言及を見つけると、視界の左下隅にその出来事の映像記録を表示する[★1]」。リメンは、さらにユーザーが声に出さずにものを読んだり、言葉を思い浮かべたりした場合にも、それに応じて機能する。

このしくみで記録されたり再生されたりするのは、あくまでもカメラが録画した映像とその音声である。当人の意識の状態は記録されない。仮にある時点での意識の状態を記録して再生できるとしても、果たして私たちはそれがたしかにその時の意識状態に等しいというこ

★1――テッド・チャン「偽りのない事実、偽りのない気持ち」（『息吹』、大森望訳、早川書房、二〇一九、二一九ページ）。〔Ted Chiang, "The Truth of Fact, the Truth of Feeling", in *Exhalation*, Knopf, 2019〕

とを、どうやって確認できるのか。という問題もあるが、ここではライフログとリメンの組み合わせについて検討する。

さて、語り手の男性はジャーナリストで、記事を書くためにはじめてリメンを使おうとしているところ。

彼はこのソフトに懐疑的だ。リメンを使うと、人はなにかを間違って思い出せなくなる。なぜなら、過去の出来事や経験について話したり、言葉を思い浮かべたりすると、リメンがそれに関連するライフログの動画を探し出して、「実際にはこうだった」という正確な記録を見せるからだ。それに、他人との人間関係は、互いに誤ちを犯すことがあったとしても、許して忘れることに依存しているものだ。そうだとすれば、忘れるどころか常に正確に記録を思い出させるリメンによって、忘れることもできなくなる。このとき、人間関係はどうなるか。

加えて言えば、私たちは自分の過去の経験をまるごと記憶しているわけではない。その一部を、ときとして自分に都合よく捏造したストーリーとして記憶してさえいる。[★2] しかしリメンは、やはり正確な記録を思い出させる。

この技術には、よい面もある。

例えば、二人の人のあいだに「言った言わない」の口論はなくなるはずだ。「言った言わない」の争いが生じるのは、当事者のいずれかの記憶（あるいは両者の記憶）が事実と違うものに変わるからだ。リメンの記録を確認すれば、実際どうだったのかが明確になる。自分に都合よく捏造される記憶ではなく、リメンの記録に頼ることで、そうした言い争いはなくなるだろう。あるいは、言い争いが生じても解消しやすくなるだろう。

ところでこの語り手にはニコルという娘がいる。かつてニコルが思春期のころ、父と娘は激烈な言い争いを繰り返した。だが、いまは互いにそんな過去を水に流して、良好な関係にある。と、父である語り手は思っている。

語り手は、試しにリメンを使ってみて、実際はどうだったのかを知る。ここではリメンによる正確な記録（完全な記憶）と、人間による不正確な記憶が対比されている。過去を忘れることができず、いつまでも正確に再生される状態は、果たして人間にとって幸福なことだろうか、というわけである。

現実の世界では、幸か不幸かリメンは存在していない。だが、リメンほどでないものの、インターネットによって、類似した状況は生じうる。過去に撮影された写真や映像やテキス

★2――この点については、ジュリア・ショウ『脳はなぜ都合よく記憶するのか――記憶科学が教える脳と人間の不思議』（服部由美訳、講談社、二〇一六）〔Julia Shaw, *The Memory Illusion: Remembering, Forgetting, and the Science of False Memory*, Doubleday Canada, 2016〕が、多様な例を通じて、記憶の変化や偽記憶を論じている。

トによる記録などが、ネット上に保存され続ける。それが個人のプライヴァシーを侵害するようなデータである場合、困ったことになる。簡単には削除できず、その記録がいつまでも他人の目にさらされ続けることになる。実際、ネットにヌード写真が流出した女性が、Google社に写真の消去を求めて裁判を起こした例があり、「忘れられる権利」が議論されたこともある。

　機械による記録は、人間の記憶とちがって、操作や故障でもない限りは、勝手に消え去ったり変化したりしない。しかも、インターネットという情報環境によって、例えば、私たちの記憶に関わる写真や手紙やその他の記録類は、データとして簡単にコピーされ、シェアできるようになった。

　その結果、言うなれば、個人の記憶がじつに簡単に社会の記憶として共有されうる状況にもなっている。言えば当たり前のことだが、かつての紙焼きの写真や手紙であれば、そのモノが移動する範囲でしかシェアされなかったのと比べると、たいへん便利であると同時に剣呑な環境でもある。

5-2　フィルターバブル

フィルターバブルは、ネット検索に関わる問題だ。ネットで検索する場合、同じ言葉で検索しても、表示される結果はユーザーによって違う場合がある。というのも、検索システムが、ユーザーの過去の現在地、検索や閲覧の記録などをもとに、検索結果にフィルターをかけるためだ。例えば、食べ物のことを多く検索するユーザーに対しては、検索結果の中から食べ物に関するものが目に入りやすくなるように、拾捨選択をかけてから結果を表示する。

これは一見すると便利な機能のように見える。ユーザーに合わせてカスタマイズしてくれているのだから。他方で、そういう調整がなければ、目に入ったはずの検索結果が除外されてしまう恐れがある。検索システムによるフィルターが、そのユーザーを一定の範囲に閉じ込めてしまう、ユーザーはフィルターの泡《バブル》に閉じ込められてしまうというので、これをフィルターバブルという[★3]。

フィルターバブルの厄介な点は、ユーザーが自分では気づきづらいところだ。なぜなら、人は多くの場合、自分の検索結果を他人の結果と見比べたりしない。その結果、誰もが自分と同じような検索結果を目にしていると思っているか、そもそもそういうことを意識さえし

★3――フィルターバブルについては、イーライ・パリサー『フィルターバブル――インターネットが隠していること』（井口耕二訳、ハヤカワ文庫ＮＦ、早川書房、二〇一六）〔Eli Pariser, *The Filter Bubble: What the Internet Is Hiding from You*, Penguin Press, 2011〕に詳しい。

ていないかもしれない。

これは検索に限らない。SNSなどのサーヴィスでも、同様の仕組みが使われている場合がある。例えば、表示する広告をユーザーに合わせる仕組みもこの一例だ。広告がランダムに表示されていれば、まだ興味を惹くものに出会えるかもしれないところ、そのユーザーが行った検索や訪れたサイトなどをもとにフィルターをかけて、興味のない同じような広告が表示され続けたりする。私などは、自分が教えに行っていた専門学校の広告がしばしば表示されるのでたいへんうんざりした時期があった。

コンピュータを用いた技術は、物事を自動化して便利にする半面、アルゴリズムによって、知らず識らずのうちに目にするものを勝手に選定されてしまうフィルターバブルの例のように、かえって不便な状況を生み出す可能性もある。しくみを理解した上で使うにしくはない。

5－3　コンピュータ環境がもたらすもの

ここではもっぱら情報技術という環境について検討している。つまり、コンピュータとそのネットワークによる情報環境は、人やその記憶になにをもたらしうるか。これが技術のエコロジーという観点で検討したいことだった。

右に挙げた二つの例、それと第1章で検討した『イノセンス』の例は、いずれもコンピュータが人間を支援するものだった。そもそもコンピュータ（計算機）という装置は、人間が手で行うと面倒な計算を、機械で自動的に行おうという趣旨でつくられはじめた。計算を機械にやらせて楽をしようという発想から出発している。現在、各方面で実用化が進んでいる人工知能も同様である。機械翻訳や自動運転などはその好例。

そうした事の次第からして、コンピュータを用いた情報環境では、基本的に機械が自動的になにかを行う。

ここで注意しておきたいのは、フィルターバブルや人工知能を典型として、コンピュータの挙動は目に見えにくいという点である。というのも、コンピュータがなにをどのような順で処理すべきかを命じるプログラムは、ユーザーから見えないように処理されるからだ。ある検索サーヴィスでネット検索をかけたら、検索結果が表示される。このとき、その裏側でどのような処理が施されているか、どんなフィルターがかけられているかは明示されない。あるいはその人工知能が、どのようなルールで動いているかは表現されず、外から見てもブラックボックスである。

動きの仕組みやルールは分からないが、必要な処理は行う。コンピュータを用いた情報環境ではこの点に注意したい。そのエコロジー（そこにどんな関係があるか）を、人が意識しづらい状態にあるのだ。

電子レンジなら、どういう仕組みでものが温まるのかを理解していなくても、食品を入れてボタンを押して、結果的に温まればそれでよい。

だが、コンピュータを使った情報環境の場合、そうもいかない。何がどこまで可能なのか、それが自分たちにどのような影響を与えているかという理解の程度に応じて、この情報環境を使いこなせる程度も変わるからだ。ネット検索できるなら、わざわざ記憶しなくていいという発想がそうであったように、この情報環境が私たちになにをもたらすのか、なにを可能としているのかについて誤解したまま、結果的にはそうしようと思っていなかったような状態を選ぶことにもなりかねない。

『イノセンス』のバトーやトグサのようにネットを活用するには、基礎となる知識が脳裡にあってこそ。これを見落とせば、単にものを知らず、それゆえ適切な検索も覚束ない人間を生み出すことにもなりかねない。

コンピュータが提供する自動化サーヴィスは、見方を変えれば人間にとって他律的な状況でもある。他律とは、自分の行動を他から律されることを指す。コンピュータの自動処理によって便利になる反面、ここで検討した二つの例が示すように、自分の記憶を世話するという観点では、必ずしもありがたくない効果もある。そのからくりを弁えた上で使い方を工夫するのが、記憶のデザインを考える上では肝心なのだ。

　例えば、一日のうちに何度もスマートフォンを手にしてＳＮＳやウェブを見て回るという営みは、私たちの記憶になにをもたらしているか。人がスマートフォンを持ち歩き、ネットで読み書きするのが常態となったとき、その記憶にはなにが起きるか。

　そうでもしなかったら耳目にしない文章や写真や動画に接する。そのつど感覚が刺激を受けて、短期記憶に入る。しかし、だからといってそのように見聞きしたものすべてが、長期記憶に残るわけではない。大半は忘れ去られる。

　ＳＮＳの投稿やウェブサイトは、それぞれが互いに脈絡なく存在している。また、本棚に並べた本が、何事もなければそのままの状態を保つのと違い、ＳＮＳやウェブは絶えず変化もしている。それだけに、一つひとつの投稿やウェブページには、記憶の手がかりとなるような、固定していて繰り返し目にできる文脈が乏しい。目にはしたが、それはいつだったか。見覚えはあるものの、どこでだったか。と覚束なくても無理はない。私たちは日々、ネットのブラウジングやチャットなどを通じて、そんなことでもなければ耳目にすることのなかったたくさんの断片的な言葉や画像や動画に接している。そしてその大半は忘れてしまう。脳裏のどこかに記憶が残っているのかどうかも分からない。私たちは、そういう情報環境の中で生きている。

これはよしあしの問題ではない。

いまのところ、私たちはこのような記憶のあり方が、自分たちになにをもたらしつつあるのかを自覚していない。ただ、事実として「あの人があんなことを言っていたな」という断片をせっせと記憶にため込み、ほどなく忘れるということを繰り返しているところだ[★4]。

★4——インターネットの使用が、人の記憶になにをもたらしているかについては、まだ確たることが分かっていない。どのような研究が行われているかに関心がある向きは、次の論文に当たるとよいだろう。Evan F. Risko, “Examining the Implications of Internet Usage for Memory and Cognition: Prospects and Promise,” *Journal of Applied Research in Memory and Cognition* 2019(8): 36-39. は比較的最近の研究をおおまかに眺めるのによい。Benjamin C. Storm, Sean M. Stone, and Aaron S. Benjamin, “Using the Internet to access information inflates future use of the Internet to access other information,” *Memory*, 2017; 25(6): 717-723. Joseph Firth, John Torous, Brendon Stubbs, Josh A. Firth, Genevieve Z. Steiner, Lee Smith, Mario Alvarez-Jimenez, John Gleeson, Davy Vancampfort, Christopher J. Armitage, and Jerome Sarris, “The “online brain”: how the Internet may be changing our cognition,” *World Psychiatry*, 2019; 18(2): 119-129.

コラム7　交換記憶

インターネットの利用が、人にどんな影響をもたらしているかということについては、まだまだ不明なことが多い。一時期は、Google検索を使うことで、記憶力が低下するといった指摘もあったが、それを否定する主張もあり、真偽は定かではない。

例えば、二〇一一年に「グーグル効果」という一種の認知バイアスがありうることを指摘した論文が公開された。[*1] 要約すれば、ネットで探せると感じている情報については、思い出せなくなる傾向があるという仮説だ。

この話は、古代ギリシアのプラトンが『パイドロス』で論じていたことを思い出させる。[*2] プラトンはそこで、古代エジプトの神話を借りている。発明の神テウトが、タモスという神のもとを訪れて、発明物を披瀝する。そのなかに文字がある。テウトは、文字を使えば、知恵も高まり、記憶もよくなると主張する。ところがタモスは別の見方をする。文字を使えば、人びとは文字に頼るようになって、記憶の訓練をしなくなる。そしてむしろ忘れっぽくなるだろう、というのだ。ここで「文字」と言われていることを「ネット」に置き換えれば、現在の私たちが置かれている状況である。

この現象を説明する仮説に「トランザクティヴメモリー（transactive memory）」というものがある。[*3]「交換記憶」や「対人交流記憶」などと訳される。ある知識について、自分が記憶していなくても、集団のなかの誰が記憶しているかさえ覚えておけばよい、という記憶のあり方のこと。トランザクトとは「取り引き」「交流」といった意味である。

例えば、家庭でも友人関係でも職場でも、「パソコンのことならAさんが詳しいから、困ったら訊けばよい」といった関係があるだろう。自分ではパソコンの仕組みについて知識を持っていない、記憶がないものの、その知識（記憶）を持っている人を知っていれば、いざというときにはなんとかなる。こういう状態である。

　言われてみれば、これは私たちの社会全体の仕組みでもある。特に、分業や専門分化が進んだ社会では、一人の人がなんでもかんでも知っているのではなく、社会全体で分担しているようなものだ。

　インターネットの検索に頼るのも、いわばこうしたトランザクションメモリーのようなものと考えられるわけである。

　ところで、先ほど述べたグーグル効果については、後に検証が行われている。[*4] そこではどうやら再現性が確認できなかったようだ。

＊1――Betsy Sparrow, Jenny Liu, and Daniel M. Wegner, “Google effects on memory: Cognitive consequences of having information at our fingertips,” *Science*, 2011(333):776-778.

＊2――邦訳には、プラトン『パイドロス』（脇條靖弘訳、西洋古典叢書、京都大学学術出版会、二〇一八）他がある。原文は、インターネットの古典アーカイヴ「ペルセウス」（http://www.perseus.tufts.edu/）他で参照できる。

＊3――Daniel M. Wegner, “Transactive memory: A contemporary analysis of the group mind,” in *Theories of Group Behavior*, 1987, 185-208.

＊4――Colin F. Camerer, Anna Dreber, Felix Holzmeister, Teck-Hua Ho, Jürgen Huber, Magnus Johannesson, Michael Kirchler, Gideon Nave, Brian A. Nosek, Thomas Pfeiffer, Adam Altmejd, Nick Buttrick, Taizan Chan, Yiling Chen, Eskil Forsell, Anup Gampa, Emma Heikensten, Lily Hummer, Taisuke Imai, Siri Isaksson, Dylan Manfredi, Julia Rose, Eric-Jan Wagenmakers, and Hang Wu, “Evaluating the replicability of social science experiments in *Nature* and *Science* between 2010 and 2015,” *Nature Human Behaviour* 2, 637-644 (2018). という論文では、二〇一〇年から二〇一五年に科学雑誌『Nature』と『Science』に発表された社会科学の実験について、その再現性を評価している。この論文では、グーグル効果は再現性が確認できなかったと報告されている。

第6章 記憶と精神

記憶に関わる四つのエコロジーのうち、自然、社会、技術について見てきた。

自然のエコロジーは他のすべてのエコロジーにとって基礎となる。第3章で見たように、空間やそこで生じる変化（時間）、そうした変化を司る法則といったものを土台として社会が営まれ、自然を応用して技術が発明・活用されるわけである。

社会のエコロジーは、個人の記憶という観点からすると、一見無縁のように見える。だが実際には、私たちは互いに他人のあいだで、他人とともに生きており、同じ出来事についての記憶を共有して補いあったり、異なる記憶をぶつけ合ったりしている。

先ほどは触れなかったが、例えば小説やマンガや音楽や映画やゲームなどの創作物も、人びとが共通の記憶の材料とする要素だ。同じマンガを読んだ人同士が、目の前にそのマンガがなくても、あの場面がよかった、このキャラクターのせりふが、と話して通じあえるのは、同じマンガについての互いの記憶を持ちよっているからだ。私たちは他人がつくったものに触れて、そのときどきの記憶をつくってもいる。これも社会的な記憶といってよいだろう。第4章では、社会を抜きにして、私たちの記憶も成り立たないことを検討した。

技術のエコロジーについては、第5章でコンピュータとネットワークといった情報環境について検討を加えた。

スマートフォンのような携帯できるコンピュータの普及によって、私たちはそうしたければ、いつでもネットを見たり、誰かとチャットをしたり、SNSで読み書きしたり、写真を投稿したりできる環境にいる。それ以前ではあり得ないほど多種多様なものが耳目に入り、短期記憶は、断片的なものやコンテンツが大量に流れ込み流れ去る川のような状態になる。こうした経験は果たして私たちの記憶になにをもたらしつつあるのか。まだ誰もその状況を把握していないが、このような情報技術による環境は、目に見えない形で私たちの記憶のあり方に作用していると考えられる。

また、これらの情報技術は、他人との媒介手段でもある。直に対面して話すことや電話の音声だけで話すことに加えて、ヴィデオ通話やＶＲやオンラインゲーム内での会話など、コンピュータを使ったさまざまな形式のやりとりも使える。

それぞれのやりとりは、使っている装置やソフトウェアによって、対面での会話とは異なる状況を生み出す。

だが、私たちはそこにどのような違いがあるのかをなんとなく感じ取りつつも明確には意識していない。そこで生じていることをどのように認識できるのか、それが他人についての記憶や他人との関係にどのような影響を与えているのかを明らかにするのは、今後の課題であろう。

四つのエコロジーのうち、精神を最後に置いたのは、それが自然、社会、技術といったそれぞれのエコロジーとの関わりによって生み出されるものでもあるからだ。

6−1　記銘

こうした見立てを念頭に置いて、改めて人の精神で生じる記憶の出来事について見てみよう。まずはものを覚えること、記銘について。

私たちは、自分で欲するかどうかにかかわらず、生物としてなにかを記憶、記銘するようにできている。人がなにを記銘するかは、第一に生物としての体のしくみと、どのような環境でどのような経験をするかという組み合わせによって決まる。

例えば、日々暮らしている自分の部屋や、毎日のように会う人の顔は放っておいても覚えてしまうものだ。あるいは、ショッキングな出来事も、そうしたいと思うか否かに関係なく記憶されてしまう。私は、四〇年ほど前、目の前で木に雷が落ちるのを目撃したことがある。これは後にも先にも一度だけの経験だが、しっかり記憶に刻まれていて忘れられない。そうかと思えば、何度もお目にかかっている人の名前を覚えられないということもある（まったく失礼なことながら）。

そんなふうに、ものを覚えるという点については、自分の体といっても自由自在とはいかない面がある。また、人それぞれの心身の状態によっても多様な違いがあるし、同じ人でも年齢によって変わってゆく。これは第3章の「記憶と自然」で検討したことでもあった。

また、日々耳目にするものによって、なにを記銘されるかも変化する。そもそも人がなにを経験するかは、世界や他人の動きと自分の動きの関わりから決まる。自分では意図せざる出来事も多い。ある晩、流星を目にしたり、街で思いがけず何年かぶりに友人と遭遇したり、ネットで長年探していたマンガを見つけたりする。人がなにを記憶するかは、個人の行動だけでなく、自然や社会や技術とも関わっている。

そうした条件があるとはいえ、なにを覚えたいか、記銘したいかについては、ある程度自分でも決めることができる。

例えば、好きな詩を好きなときに諳んじられるようにする場合。私は物覚えがよくないほうだが、外を出歩くたび、駅までの道すがら覚えたい章句を繰り返し口にしていたら、やがて暗誦できるようになった経験がある。さすがに何百回か声に出して唱えると、体が覚えてしまうものらしい。ゲーム『ポケットモンスター』で遊ぶうちに、努力せずとも登場するポケモンを全部覚えるなんてこともある。これは自分で希望して記銘するケース。

他方で、入りたいと思っている大学や企業の試験や取得したい資格試験の合格を目指して、ものを覚えるとか、学校の各科目を学んだり、他人とのやりとりを通じて礼儀や慣習を覚えたりする場合もある。こうなると、自分の記憶ではあるものの、自分だけで記銘したいことを決めているとは言えない面がある。その人が暮らしている社会のエコロジーに関わってくる。

また、もう一歩進んで、いかにして覚えるかという観点もある。先ほど見たような生物として備わっているしくみを使って、意識的にものを覚えるには、繰り返し知覚する必要がある。そのために、古来さまざまな記憶術や、単語帳のような記銘を助ける道具も工夫されてきた。コンピュータの各種アプリケーションソフトもその一種だ。

総じて言えば、私たちの記憶は、自分で意図して覚えるものと意図せず覚えるものからできている。そこには、四つのエコロジーが絡み合っているわけである。

6-2 想起

私たちがものを思い出すとき、大きく二つの仕方がある。

一つは、テストやクイズに答えたり、友達に面白かった小説のタイトルを教えようとしたりするときのように、自発的に想起する場合。

それに対して、自分では意図していないにもかかわらず、いわば勝手に体が思い出すということがある。

例えば、駅のホームで電車を待っていたら、コーヒーの香りが漂ってきて、「そういえば昨日神保町で飲んだコーヒー、おいしかったな」などと思い出す。そんなふうに、自分でも予想していなかったことを予想していなかったタイミングで思い出すことがある。

前者が「意志的な想起」だとすれば、後者は「非意志的な想起」である。非意志的に想起したことを手がかりに、「まてよ、同席した筑摩書房の石島さんが、なにか言っていなかったっけ……。そうだ、一点確認を依頼されていたのだった」と今度は意志的に想起するということもある。

他方で、試験のことを思い出せば痛感されるように、意志的な想起だからといって、自由自在にできるわけではない（いや、私は自在に記銘したり想起したりできるよ、という人はうらやましい）。繰り返し書き取り、発音して練習したはずの英単語が、問題を前にして出てこない。そうかと思えば、道を歩きながら好きな歌を口ずさむような場合、同じ単語が労せずして歌の文句やメロディごと思い出されたりする。

非意志的な想起にいたっては、自分で制御しているわけではない。

キャロル・キングのYou've Got a Friend（君の友だち）を口ずさんで、最後まで到達したところ、脳裡で勝手にWhere You Lead（地の果てまでも）が流れ始める。というのは、『つづれおり（Tapestry）』というアルバムを何百回となく聴いたために、アルバムの収録順に曲も記憶されているからだ。

これは先ほど書いたように、体が勝手に思い出すようなもので、なぜそんなことを思い出したのか分からない場合も多い。調理中、中華鍋をゆすって麻婆豆腐をつくっていたら、唐突に江ノ島の浜辺で拾った貝殻のことが思い出される。なぜかは分からない。当人にも機序の分からない連想がある。

「なにを見てもなにかを思い出す」（ヘミングウェイ）ではないが、私たちは目覚めて意識が働いているあいだも、眠っているあいだも、感覚を通じて知覚したことから、常になにかを思い出す。私たちの意識は、知覚と記憶が綯《な》い交ぜになっていて、そういってよければ千々に乱れているのが常態である。

ＳＮＳで人びとの互いに関係ない断片的な投稿を眺めるのは、非意志的想起とどこか似ている。ＳＮＳでは、他人だから当然のことながら、私が意図しない文章や画像などをつぎつぎと投稿する。それはいわば私にとってコントロール外のことだ。自分の非意志的想起も、コントロール外のように思える。

自分で制御できるか否かという観点から見た場合、意志的な想起については思い出しやすいこととそうではないことがある。また、非意志的な想起については制御しようがない。それが昂《こう》じれば、精神の不調にもなる。

他方で翻って考えてみると、こんなふうに文章を書きながら、私はどこかで非意志的な想起に期待しているところがある。ものを書くとき、あらかじめ構成を考える。そして、何事もなければ、その予定に従って書き進めてゆく。

しかし、いざ書き始めてみると、自分が書いた言葉、自分の外に出した言葉を目にして、先ほどまで少しも考えていなかったことを思い出しもする。

「あ、石田英敬さんが言うところの機械的無意識って、この議論に関係しそうだ……」などと、どうしたわけか唐突に思い出す。そして席を立って石田さんの本を置いてある書棚に向かう。目的の本を手にとる前に、別の本に気をとられる。そのまま机に戻ってくる。「あれれ、さっきこの箇所を書きながら、なにか関係しそうなことを思いついたんだったよね……」と分からなくなる。「そうだ、スティグレールの技術論を参照しよう」と別のことを思いつく。

意識して文章を書き進めるあいだにも、必ず非意志的な想起が生じてくる。生じてくる想起をすべて拾い上げているとものが書けないので、多くは捨て置き、これはと感じたものは検討する。また書き進める。このように文章を書いてゆくと、当初予定していた構成も変わってゆく。自分では考えていなかったことに思い至る。

予定していなかったことに思い至ったとき、はじめて考えながら書くのが面白くなってくる。予定していたことは、自分にとっては半ば既知であり面白くない。自分にとって既知と未知のあいだのようなことに思い至ってようやく楽しくなる。ただし、どこへ向かうか自分でも分からないので少し不安でもある。

ものを書いたりつくったりするプロセスのなかには、おそらくこんなふうにして非意志的な想起も関わっている。以上は、意図しない想起をなるべく活かして書いてみた[★1]。

6-3 人生の記憶

あなたは、この頃（あるいは以前からでも）記憶の遠近感が狂っているなと感じることはあるだろうか。

参考のため、私自身について言えば、前章で検討したような情報環境になってから、記憶の遠近感があいまいになっていると感じている。

例えば、Facebookではしばしば一年前の今日の投稿とか、三年前の今日の投稿といった、過去の自分の投稿をユーザーに向けて提示してくる。その写真や文章を見るたび、言われるよりもっと昔の出来事だったように感じる。一年前の投稿を目にして、「え、これはもう五年ぐらい前のことじゃないの」という気分になる。

さらに言えば、そうした自分の投稿を、もしFacebookのプログラムが勝手にシャッフルして、日付をつけかえて提示してきたとしても、私は気づく自信がない。それでも明確に時間の感覚が記憶されている場合もある。二〇一一年三月一一日、東日本大震災の当日どこで何をしていたかといった、忘れようにも忘れられない出来事もある。そうした自分にとって印象深い日付を除くと、あとはいま述べたように、どれが前後かも覚束ないことが多い。

私自身の加齢によって記憶の状態があやふやになっている可能性もある。他方で、Facebookのような仕組みがなければ、思い出すことさえなかった過去の投稿、過去の記録を目の当たりにして、その出来事と日付の関係が覚束なくても当然といえば当然である。ここで生じている出来事は、前章の「5－1　完全な記憶」で見たテッド・チャンの小説の世界での出来事と似ている。機械による正確な記録が、人間による不正確な記憶と齟齬をきたしている。

同じことは日記についても言える。

私は、日常の出来事（エピソード記憶）をあまり覚えていないことが多い。そこで三〇年ほど前からコンピュータで日記をつけている。そこにはやはり忘却されていく一方の日々の日常的な出来事の記録が記されている。

後日ときどきそれを読み直して、そのつど「そんなことがあったのだっけ」と記憶を新たにする。いや、この場合、記憶を新たにするという言い方は正しくない。なぜなら、自分が

★1——創作を通じてこの点を実験した人に、アンドレ・ブルトンやポール・エリュアールがいる。思い浮かぶ連想を、なるべくそのまま書いてみる「自動記述」は、非意志的な想起に身を委ねる試みでもある。ブルトンが自動記述で書いた作品に「溶ける魚」があり、これは邦訳もされている（『シュルレアリスム宣言・溶ける魚』（巖谷國士訳、岩波文庫、一九九二））。また、福田拓也『エリュアールの自動記述』（水声社、二〇一八）では、エリュアールによる試みを分析している。

経験したとはいえ、すでに忘れてしまった過去の出来事について、過去の自分が書き残した記録を読んで、記録として認識しているだけなのだから。時には、ありありと当時の経験の記憶が想起されることもあるが、むしろそうではないことのほうが圧倒的に多い。

こうした日記の記録を見ていると、ネットやＳＮＳがあろうがなかろうが、人間は経験したことの大半を忘れ去り、そのごく一部をどういうわけだか覚えていて、そうして記憶に残ったものをかき集め、自分という人間の過去をストーリーとしてそのつど作り上げているのではないかという気がしてくる。

6－4　虚構と事実の区別

ところで、人間は事実と虚構をどのように区別しているのだろうか。もし人間に記憶がなければ、両者を区別するのは難しいように思われる。

例えば、私は幼少時に映画を観て、そこで起きていることは事実なのではないかと心配になったことがある。とりわけ、人や動物が死ぬような場面が映されるのを観て、本当に死んでしまったのかと心配した。親に尋ねると、あれは演技で実際には死んでないのだと教えられた。

私が現実と虚構の区別もつかないほど間抜けだったという可能性も否めないが、現実世界の経験が少なく、両者を区別するのに必要な材料を持ち合わせていなかったと考えることもできる。

ここで思い出されるのはアリストテレスの『詩学』の議論だ。

アリストテレスは、同書で私たちが悲劇を楽しめるのはなぜかという問題について考えている。[★2] なにしろ悲劇では、自分の身に起きたとしたらとても耐えられないような悲惨な出来事が展開するのだから。そのような悲惨な出来事を楽しめてしまえるのは、それが作り話だと知った上で、他人事として観られるからだ。つまり、目の前で生じている出来事の知覚や認識に加えて、「これは虚構だ」という意識が働いていると考えられる。

記憶していることの真偽にも、なにかそうした性質があるのではないか。つまり、悲劇を見るときには「これは作り話だ」と意識するように、「この知識（記憶）は事実である」とか「この知識（記憶）は偽物である」といった区別をしているのではないか。

あるとき、Twitterで、フランスの映画監督ジャン＝リュック・ゴダールの新作が公開されるというニュースを目にした。彼の新作ならぜひとも観たいと思っていたので、それはうれ

★2――アリストテレス『詩学』（三浦洋訳、光文社古典新訳文庫、光文社、二〇一九）他、多数の邦訳がある。原文の Περὶ Ποιητικῆς はウェブサイト「ペルセウス」などで参照できる。https://www.perseus.tufts.edu/

しいな、とさらなる情報を求めて検索した。というのも、ゴダールに関しては日頃からそれなりに情報を集めているのだが、一度も聴いたことのないタイトルだったからだ。

目にしたのは日本語のツイートだった。日本語で検索しても、そのツイートと関連するものしか出てこない。そこで英語とフランス語でも調べてみたところ、少なくとも検索できた範囲ではまったくそのような気配はない。

そこで私は考え直した。そして思い当たった。その日は四月一日だった。エイプリルフールで、ネット上には冗談半分のニュースや情報が流れる。それだけに、騙されまいぞと普段以上に身構えていたのだが、話が好きな監督のこととあって、手もなく信じたわけである。

この例では、はじめゴダール新作の報に触れた私は、それを事実だと受けとった。だが、後にエイプリルフールの冗談だと知ってから、虚報であると捉え直した。真偽が問題となる知識（命題）については、「これは真である」「これは偽である」あるいは「真偽は不明」といった記憶がセットになっていると考えられる。[★3] また、こうした点について、神経科学の観点からどのように説明がつけられるのか、という検討課題もここに記しておきたい。

★3――記憶と真偽については、以下の論文で論点が整理されている。Sven Bernecker, "Memory and Truth," in Edited by Sven Bernecker and Kourken Michaelian, *The Routledge Handbook of Philosophy of Memory* (Routledge, 2017).

第7章 記憶のデザイン

さて、ここまでの道のりは「記憶のデザイン」という課題からすれば、いささか回り道に見えたかもしれない。だが、私としては、個人の記憶というものが、自分だけで成り立っているものではない、という次第を確認しておきたかった。私たちの記憶は、自然、社会、技術といった各種のエコロジーとの関わりの中で生じている。そこでは、自分の意のままになる、そうしようと思えばコントロールできることと、そう願っても必ずしも意のままにならないこと、コントロールできないことが、いくつも関わりあっていた。

コラム8　制御できること／できないこと

　自分に制御できること／制御できないこと、という観点からものを見てみる。これは、古代ギリシア・ローマの哲学者エピクテトスの哲学に示唆を受けている。彼の言葉（の翻訳）で言えば、「権内」と「権外」と区別される。この両者の違いを混同すると、人は要らぬ不幸を背負い込み、悩むことになる。そうならないためには、己の権内と権外を適切に見極めよ。これがエピクテトスの教えであった。これは現代でも有効である。[*1]

　一方には、自分の心身にできること／できないことがある。訓練によってできることが増えもするし、老化や心身の変化によってできなくなることもある。

　また、生身の自分だけでは無理だが、技術や装置を使うとできることが増えたり、裏腹にできないことが生じたりする。例えば、インターネットを使えば、遠くにいる人と顔を見ながら通話したり、書いた文章をメールで即座に共有したりもできる。電車を使えば、自力で歩いたり走ったりするのでは、到底不可能な速さで移動できる。

　あるいは、一人ではできないことも、他人と協力するとできるようになることもある。例えば、大規模な映画やゲームを制作するような場合はその典型。飛行機やロケットをつくって飛ばすのも同様だ。

　他方で、自分以外の人を、完全に思うとおりに動かすことはできない。明日の天気のような自然現象を、自分の望むように変えることもできない。これらは自分の権外にある。

　こんなふうに考えてみると、自然、社会、技術、そして自分の心身といったエコロジーのなかで、自分の記憶のあり方にも、さまざまに権内のこと、権外のことがある様子が見えてくる。

私たちの記憶は、自然がもたらす仕組みを基礎として実現される。ただし、自分の記憶だからといって自分一人だけでつくっているわけではない。自然と人工物の重なり合った時空間を基礎として、他人たちとのあいだで生じるさまざまな経験によって織りなされる。

加えて、現代ではコンピュータとインターネットによって実現された情報環境がある。使い方は人によるが、寝ても覚めてもネットにアクセスして、そのつど新たな情報やデータに触れる、という使い方もある。そこでは、大量の文字や画像が目まぐるしく耳目に入っては、記憶に定着することなく忘れ去られてゆく。それはたとえるなら、たしかに目にしたものの起きた後では忘れて思い出せない夢のようでもある。

現代の情報環境に生きる私たちは、目覚めながら夢を見続けているようなものかもしれない。恒常的に健忘症に似た状態を体験し続けていると見立ててみることもできる。

では、私たちはこうした情報環境のなかで、自分の記憶を世話したいと思ったら、なにが

＊1――エピクテトスの哲学については、吉川浩満との共著『その悩み、エピクテトスなら、こう言うね。――古代ローマの大賢人の教え』（筑摩書房、二〇二〇）で詳しく検討・紹介しているので、ご覧いただければ幸いである。そこでは、現代に生きる私たちとしては、エピクテトスの発想をどのようにアップデートできるかという点についても検討している。

できるだろうか。これがそもそも本書で考えてみたいことだった。以下では、そのためのアイデアを述べてみよう。

7-1 記憶術

まず、参考として記憶術について見ておこう。これは、古代ギリシアやローマ、あるいは中世のヨーロッパで行われていたもので、人が努力してものを記憶するための技法だ。古代ギリシアやローマの弁論術の本を見ていると、記憶についての議論が出てくる。人びとに向かって弁論をぶつ際、話すべき内容を記憶しておく必要があるからだ。[★1]

この記憶術では、場所の記憶を活用する。

まず、頭のなかに馴染みのある場所を確立する。住み慣れた家とか、何度も通っている書店や美術館など、どこでもよい。脳裡でそのなかを歩き回れるような場所なら話がはやい。この準備のために、馴染みのない場所を記憶に入れるよりは、見知っている場所のほうがやりやすいわけである。

次に、記憶したいテキストを図像に置き換える。

文字ごとでもいいし、重要な単語についてでもよい。ベタ過ぎるかもしれないが、例えば

loveを♡で表すようなものだ。テキストをテキストのままにしないところが面白い。

そして最後に、図像を記憶のなかの場所に配置してゆく。入口から順番に、その建物なら建物の部屋の壁などに、図像を置いていく。つまり、記憶のなかにこしらえた場所と、記憶したい内容を表す図像を組み合わせて、これを覚えておくというわけである。

素朴に考えると、暗記したいテキストをそのまま覚えればいいではないかという気もする。この記憶術のポイントはおそらくこうだ。アルファベットで記されるテキストをそのまま覚える場合、もっぱら音だけを頼りにしなければならない。他方で、自分の頭の中で自在に移動できる場所に乗っかって、音の塊にすぎない文字や単語（文字列）よりも強い印象をもたらす図像を使えば、記銘しやすく想起しやすい、というわけである。

昔、英単語を覚えるための本で、語呂合わせを使ったものを読んだことがある。英語の音を、それとは関係のない日本語になぞらえて、さらにはその日本語をイラストにしてある。例えば「カラプスと崩れる」などといって、女性の化粧が崩れるイラストが描かれていた。

★1――記憶術については、フランセス・A・イエイツ『記憶術』（玉泉八州男監訳、青木信義他訳、水声社、一九九三）〔Frances A. Yates, *The Art of Memory*, Routledge and Kegan Paul, 1966〕、桑木野幸司『記憶術全史――ムネモシュネの饗宴』（講談社選書メチエ、二〇一八）が詳しい。以下でも参考にしている。

collapseという英語の動詞の語呂合わせだ。これがよい表現かどうかはともかく、中学生のときに読んだ本の記憶が、それから三〇年以上経っても残っているのは事実である。

　これなどは、そのままでは覚えづらい異言語の単語とその意味を、日本語を介して図像に対応させることで、記銘・想起しやすくしているわけである。右に述べた記憶術と一脈通じている。

　ところで、漢字かな交じり文の日本語を記憶術で覚えるには、どうするとよいだろう。漢字自体、象形文字の要素や意味をもつので、図に置き換えずとも記憶術に向いているようにも思える。あるいは、江戸時代に好んで描かれた、なぞかけの絵などを使うのもよいかもしれない。例えば、木の台の上にキツネが乗っている（ダイコン）という具合。

　場所を用いたヨーロッパ流の記憶術は、明治期の日本でも一時流行ったようだ。私の手元には、妖怪博士の名を馳せた井上圓了《えんりょう》が講述した『記憶術講義 完』（一八九四）という本がある。心身の整え方から説いた総合的なもので、そのなかの「方法的記憶法」という章に六種の記憶術を挙げており、その一つ「心像法」がいま述べた場所を用いた記憶術である。何部刷ったかは分からないが、刊行一カ月後に再版、翌年には第四版（現在でいう刷のことか）となっている。[★2]

　現在ではこの記憶術をそのまま使っているという話はあまり耳にしない。ただ、後で述べるように、この発想の基礎にある場所の活用は、私たちがここで考えようとしている記憶のデザインにとっても示唆的である。

7-2 ミモフタモナイ案

では、現在の情報環境において自分の記憶をどのように世話するか。まずはミモフタモナイ案から。

そもそも際限なく大量の断片を摂取する、ネット中毒のような状態がよろしくないのである。ならば解決は簡単。ネットにアクセスする回数を減らそう。スマートフォンからＳＮＳのアプリを削除して、覗きに行きたくなる要因をなくしてしまおう。そう、いわゆるデジタルの断捨離だ。なんならスマートフォンを持ち歩くのをやめれば触りようもない[★3]。

これは実行できれば効果は大きい。

★2——岩井洋『記憶術のススメ——近代日本と立身出世』（青弓社、一九九七）は、明治二十年代の日本で流行した記憶術について論じている。

★3——例えば、カル・ニューポート『デジタル・ミニマリスト——本当に大切なことに集中する』（池田真紀子訳、早川書房、二〇一九）〔Cal Newport, *Digital Minimalism: Choosing a Focused Life in a Noisy World*, Portfolio, 2019〕は、「デジタル片付け」を実践する方法を示している。

私も一時期、ネットやＳＮＳを見るのが楽しくて、一日中忙《せわ》しなく読んだり投稿したりしていたことがある。

その頃は、目に見えて本を読む量も減った。たまに本を開いても長い時間集中できない。すぐ気もそぞろとなって目が泳ぐ。数ページも進まないうちにネットを見る。一度見始めると、しばらくみんなの投稿を眺める。アカウントを持っているＳＮＳを一巡する。なんなら一巡し終わるころには、最初に覗いたＳＮＳの変化が気になっている。「さっきの投稿に誰か反応してるかな」とかいって。なにしろ時間さえあればケータイを触っていた。本を読む時間はそれだけ減る道理である。もちろん、それで差し支えがなければそのままでもよい。

私の場合、ゲームクリエイターであり、物書きでもあり、学校の教師でもあり、自分としては、これはいささか具合が悪いと感じた。ネットから新しい情報を得るのも有益だが、本や論文のようにある程度の分量でなければ説明できないこと、表現できないことに時間をかけて触れるのも重要である。それは単に知識を得るだけでなく、ものの見方や考え方を更新するために必要な作業でもあるからだ。

また、なにかを長期記憶に記銘するには、ある程度の繰り返しと時間が必要である。一冊の本を読むという営みと時間には、そうした効果もある。本で目にした文字をそのまま記憶することはないが、そこで繰り返し現れる言葉や概念、その本が少なからぬ文字を費やして提示した知識や思考の構造物が、形を変えて自分の記憶にも収まる。一度の通読ではそうならなくても、繰り返し読むうちにはそうなる。これがゲームをつくったり、物を書いたり教えたりする際には、得がたい材料となる。

　こうした長期記憶の更新を怠れば、やがて同じような話ばかり繰り返す人になってしまうかもしれない。それで構わない人もいるだろう。私はそれでは嫌で、まだ知らないことを知りたい。考えたい。そこで、長期記憶を更新するのにちょうどよい本に向き合いたい。

　もちろんコンピュータでもそのようにものを読むことはできる。私もさまざまな装置やアプリを使ってきた。

　その経験から申せば、もしそうした装置を使ってまとまったものを読むなら、集中できる状態を整えるとよい。例えば、電子書籍を読むあいだ、のべつ幕なしにチャットや他のアプリの通知が画面に出れば、そのたび気を逸《そ》らされてしまう。自分でそうしたいと思わなくても、私たちは画面に表示されたものに目がいってしまう。あるいは、その気になればネットを検索してブラウジングを始めてしまうかもしれない。

　できれば、集中してものを読むあいだは、ウェブも見に行けないほうがよいかもしれない。調べ物をしながら読む場合はもちろんこの限りではないが、そうでなければネットにつながらないぐらいでちょうどよい。

物書きやクリエイターのなかには、ネットにつながっておらず、仕事をするためのコンピュータと、ネットを使うコンピュータを分けている人もいるという。これは卓見である。意志の強い人は別として、私のように誘惑に弱い人間は、接続できると見に行きたくなるものだ。ならば、はじめからネットに接続できない装置で仕事をしようというわけである。事情が許すなら、これはよい手だ。

他方で本という道具は、単機能で、開いて読むか、せいぜいページの余白に書き込みをするくらいしかできることはない。集中しやすい。

コンピュータという道具は、万機能であり、アプリケーションソフトウェアさえあれば、いろいろなことができる。ネットのブラウジングでも、音楽を聴くのでも、動画を見るのでも、マンガを読むのでも、誰かとチャットするのでも、買い物をするのでも……。利用者の気分次第で、いくらでも切り替えられる。便利だが集中しづらい。

どちらがよくてどちらがよくないという話ではない。どちらもそれぞれ得失がある。目的に応じて使い分ければよいだけだ。もしあまりにもネットに時間を使ってしまうために、自分の記憶を適切に世話できていないと感じる場合、いったんネットから距離をとるのはいつでも試す価値のある手である。

一時期ネット中毒状態になった私はどうしたか。

先ほど述べたように、商売柄もあって、さすがにこのままではまずいと危機感をもった。以前のように本を読む時間を取り戻そうと考えた。そこでどうしたか。

まず、ケータイからネットを閲覧するのが面倒になるよう、便利なブックマークを削除した。ログインのためのＩＤとパスワードを自動入力にせず、いちいち入力するようにした。また、極力ケータイを持ち歩かないようにもした。急には減らせないものの、そのようにして、少しずつネットを閲覧する回数と時間を減らしていった。スマートフォンに切り替えてからは、ほとんど持ち歩かなくなった。なんのためのスマートフォンかという話でもあるが、ネットに時間を使い過ぎるよりは、私にとって都合がよいと考えてのことである。

ただし、iPadは持ち歩いている。タブレットＰＣのよい点は、スマートフォンのように服のポケットに入れたりできないところ。外では鞄にしまって持ち歩くことになる。こうなると手軽に取り出せない。取り出すにしても、落ち着いた場所でなければ、そういうわけにもいかない。

こうすることで、のべつ幕なしにネットを見に行く状態を脱したのだった。あなたもそうすべきだ、という勧めではない。自分の記憶の世話をしてみようという場合に考えられる一つの方法である。

7―3 記憶をデザインする？

ミモフタモナイ話をした。いましていることを止めるという、どちらかというとネガティヴな面からの話だった。そんなふうにできれば世話はないと感じるかもしれない。

ここから先は、どちらかというとポジティヴな面からの話をしよう。本書の目的である「記憶のウェルビーイング」について検討してみたい。とりわけ、現在のコンピュータとネットワークといった情報技術環境を前提として、そこで生きる私たちは、個人として自分の記憶をどのように世話することができるかについて考えてみよう。

さて、本書は『記憶のデザイン』と題している。記憶をデザインする。なにを記憶するかを自分で設計する。そんなことができるだろうか。

もちろん自由自在というわけにはいかない。ここまで見てきたように、私たちの記憶は、自分で思うようにコントロールし尽くせるわけではない。私たちには、そのつどの自分の心身や置かれた状況によって、できることとできないことがある。権内と権外がある（コラム8を参照）。

記憶についても同様だ。例えば、私たちはコンピュータにデータを保存したり取り出したりするように、なんでもかんでも望むまま記憶できるわけではない。むしろ人の記憶が不如意だからこそ、各種の試験も成り立つ。

また、社会的な記憶のあり方は、自分だけでなく、同時代を生きる他の人たちとのあいだで生じたり変化したりするものであり、これは権外の出来事であろう。

例えば、メディアでなにが事件として選ばれ報じられるか、教育の場で歴史をはじめとする知識がどのように教えられるか。こうしたことは権外にある。ただし、だから現状を追認しようという意味ではない。長い目で見れば、そうした状況を変えるための行動を選ぶこともできる。それはそれで重要なことだ。

ここでは権内のことについて考えてみたい。つまり、自分の記憶のあり方について、自分でできることについて考えてみる。自分の記憶のあり方を世話するにはなにができるか。

まず、どんな場合でも検討に値する意見として、かの名探偵シャーロック・ホームズの考え方がある。ホームズと出会ったばかりのワトソン博士は、会話を通じて、ホームズの知識がとても偏っていることに気づく。彼はこんなリストをこしらえている。★4

★4――コナン・ドイル『緋色の研究』(深町眞理子訳、創元推理文庫、東京創元社、二〇一〇)〔Arthur Conan Doyle, *A Study in Scarlet*, 1887〕より。

1. 文学の知識――皆無。
2. 哲学の知識――皆無。
3. 天文学の知識――皆無。
4. 政治についての知識――僅少。
5. 植物学の知識――一様でない。ベラドンナ、阿片、その他の毒物一般には通じているが、実地の栽培法についてはまったく無知。
6. 地質学の知識――実用的、ただし限界もある。一目見て、それぞれ異なる土壌を見わけることができる。散歩から帰って、ズボンについた泥っぱねを示し、それぞれの色や粘度から、ロンドンのどの地域で付着したものかを指摘してみせたこともある。
7. 化学の知識――深い。
8. 解剖学の知識――的確、ただし系統的ではない。
9. 通俗的な読み物についての知識――該博。今世紀に発生した扇情的な事件に関しては、そのすべてについて、細部まで詳しく知るもののようである。
10. バイオリンをたくみに奏する。
11. 棒術、拳闘、剣術にすぐれる。
12. 英国の法律について、豊富な実用的知識をそなえる。

ご覧のように1から4まで、文学、哲学、天文学、政治については「皆無」「僅少」と、ワトソンも手厳しい。残る八つのうち、10のヴァイオリンを除くと、私立探偵というホームズの職業に役立ちそうな知識だ。

もっとも、こんなふうに知識をリストアップされると、心許《こころもと》なく感じる。ワトソンは、これを偏っていると評するけれど、そもそも人は、そんなに満遍なくバランスよく知識を持っているものだろうか。

たしかに高校までの教育では、五科目を中心に習うから、これをしっかり学んでいれば、ワトソンのリストの1から7については、少なくとも「皆無」とか「僅少」ということはないかもしれない。

とはいえこれはあくまで理想論だ。実際には、人にはそれぞれ好き嫌いや得手不得手やその他の事情があって、五科目をきっちり頭に入れている人はそう多くないと思われる。

それを言うなら、そもそも日本の教育では、知識の理解や応用よりも、大学に受かるかどうかという試験対策に最適化してしまうケースも少なくない。理系と文系のコースに分かれれば、どちらでも手薄になる科目が出てくる。挙げ句の果ては、理系には国語や歴史は不要とか、文系には数学や物理学は不要といった誤解まで生じてくる。教室で学んだことも、試験には答えられても、実用に耐えるかどうかはまた別の話だったりもする。そういう意味では、時代も目的も違うとはいえ、ホームズの場合と大きく違っていないようにも思える。

そのホームズは、ワトソンから「地動説も知らないのかね」と知識の偏りを指摘されて、こんなふうに答えていた。

> ぼくの考えだと、人間の脳というのはもともと小さなからっぽの屋根裏部屋のようなもので、ひとはおのおのその屋根裏に、選び抜いた家具だけをしまっておくようにしなきゃいけない。ところが、愚かな連中は、たまたま目についたものをなんでも見さかいなくそこに詰めこんでしまうから、おかげで、役に立つ知識もそのために押しだされてしまったり、あるいは、せいぜいよく言っても、ほかのがらくたのなかにまぎれこんで、いざというときに、とりだせなかったりする。そこへいくと、熟練した職人は、なにを自分の脳という屋根裏にとりいれるか、その点についてはきわめて慎重です。とりいれるのは、自分の仕事に役だつはずの道具だけですが、それでも、とりいれたものは非常に多岐にわたるし、しかもすべてが完璧に整頓されている。とはいえ、この小さな部屋の壁には伸縮性があって、どこまでもふくらますことができる、などと考えるのはまちがいのもと。そんな考えに頼っていると、やがて部屋が満杯になって、ひとつ新しい知識をとりいれるたびに、前

に覚えたなにかがひとつ忘れられる、といった事態がやってくる。ですからね、なにより重要なのは、無用な知識が有用なそれを押しだしてしまう、などといったことが起こらないようにすること、これに尽きます。★5

これはまさに記憶の話でもある。

頭に知識を入れるなら、なんでもかんでも放り込めばよいというものではない。選りすぐりのものを入れるべきだ。なにを記憶するか、よく吟味せよ、という主張だ。

情報の濁流に呑み込まれがちな私たちにとっても、傾聴に値する言葉である。ネットで面白そうなページや投稿を見つけては、気になって読みにいってしまう私などは、耳が痛いのを通り越してガンガン頭痛のする指摘である（ついでに言えば、後のホームズの活躍を見ていると、普通に物知りに見える）。

ところで、先ほどワトソンが数え上げたホームズの知識のリストにはなかったものをここで指摘しておいたほうがよいだろう。

これらの知識を習得し、記憶のなかに整理するのに必要な能力というものがある。それに

★5――コナン・ドイル『緋色の研究』（深町眞理子訳、創元推理文庫、東京創元社、二〇一〇）〔Arthur Conan Doyle, *A Study in Scarlet*, 1887〕より。

ついてなんらかのトレーニングを積んでいるからこそ、ホームズは限られた領域とはいえ、少なくない知識を「屋根裏部屋」にしまっておけるわけである。

また、そうした事情を適切に表現する言語能力もあるのは右の引用でご覧の通り。知識として明示的に数えられることは少ないものの、語彙や表現を含む言語に関わる知識とそれを使うこともまた、あらゆる知識を記憶するうえで重要な基礎である。

ともあれホームズは、自分の記憶を自覚的にデザインしている人物であり、この点において私たちの手本となる。

7-4 ビオトープをつくる

さて、記憶をデザインするには、ホームズ式の考え方の他にもいろいろなアイデアがあるだろう。先ほど見た記憶術はその一例。ここではそうした記憶術とは別に、記憶のための環境について考えてみる。本書のキーワードを使って言えば、それこそエコロジカルな方法だ。

なぜ環境に注目するのか。ホームズ式の屋根裏部屋の整理術やヨーロッパの記憶術は、積極的に鍛錬する方向でのやり方だ。やる気があって、コツコツと長続きするタイプの人には向いていると思う。これらについては、おのおの必要に応じて取り組めばよい。

他方で、いままで数限りない三日坊主を経験してきた私としては、もう少しゆるめに、仮に自発的な努力が続かなくても効果がある方法も考えておきたい。細く長くというやつだ。そんな都合のよい方法があるのか。それが環境の整備である。

環境の整備といっても難しいことではない。普段自分が利用する場所を選んだり整えたりする。こうすると、意識しているときも意識していないときも、比較的安定して自分の記憶の状態を世話するための状況をつくりやすい。

話を進める前に、永田希《のぞみ》『積読こそが完全な読書術である』（イースト・プレス、二〇二〇）の見立てをご紹介しておきたい。

この本は、手に入れた本を読まないまま置いておく、いわゆる「積読」を積極的に推奨する本だ。その前提として著者は、現代社会を「情報の濁流」に喩えている。小説、マンガ、イラスト、絵画、音楽、映画、動画、ゲームなど、あらゆる種類のコンテンツが過剰供給されており、放っておいても社会のなかに勝手に積読が蓄積されていくという見立てである。

私が専門とするゲームだけを見ても毎年発表される新作ゲームの数は増加傾向にある。例えば、インターネット上でゲームを販売するプラットフォーム「Steam」で毎年発売されるゲームの数を見ると、サーヴィスを開始した二〇〇四年当時は年間で六九タイトルのところ、二〇一九年では八千タイトル以上になっている。[★6] 毎月六七〇タイトルの新作が登場している計算で、どれだけゲームが好きで時間を費やしている人でも、とてもではないが見切れない。

一九八〇年代のコンピュータゲームでは、月に数本新作があればよいほうで、私たち同好の士は、何誌かあるパソコン雑誌をチェックしていれば、出ているゲームをほとんど網羅的に知ることができた。

いまのはゲームの例だが、本でも音楽でも動画でもその他でも、永田が指摘するように、放っておいてもどんどん新作が現れて、こちらにその気があろうがなかろうが、コンテンツが積み上げられてゆく環境にある。

こうした状況でどうするか。同書では、本に焦点を当ててこう論じる。

> 目の前にたまたま届いてきた書物をただ読むだけの読書は、積読環境という情報の濁流に溺れ、息をするのもままならず、濁流の水をガブガブと身体に流し込んでいるようなものです。
>
> 現代を生きる人は、社会で進行している積読環境に抗って「自分なりの積読環境」を構築しなければなりません。情報の濁流という大きな積読環境のなかに、自作の積読環境を生み出し、運営するのです。情報の濁流のなかに、ビオトープを作るということです[★7]。

著者自身の言い換えを借りてまとめれば、自分の外にある「他律的な積読環境＝情報の濁流」のなかで、「自律的な積読環境＝ビオトープ」を構築しよう、という勧めである。

ここで言われている「ビオトープ」とは、学校や公園などでもときどき見かける、ちょっとした池などのこと。そこに魚や植物の小さな生態系《エコロジー》がつくられているのをビオトープという。ビオトープでは、その環境のなかで生物たちが共生し、時間とともに変化しながらも全体として維持されている。

永田は、他人によってどんどん情報が積みあげられてゆく「情報の濁流」のなかで、自分なりのビオトープのような積読環境をつくろうと言っている。

これは先ほどホームズが言っていた「小部屋」を現代的に言い換えたものといってもよい。ここで重要なのは、では自分としてどのような情報を取り入れて、ビオトープを形成する材料とするかを考え、選ぶことである。

以下では、本を中心として自分の記憶のためのビオトープをつくるメリットや方法について検討してみる。なぜ本かといえば、後に述べるように、それぞれの本はモノとして一つの

★6――Steam の状況を集計・公開するウェブサイト「steamspy」による。特に二〇一四年に一三五四タイトルと、はじめて千タイトルを超えて以降、二〇一八年まで急激に増えている。https://steamspy.com/year/（閲覧は二〇二〇年七月三一日）

★7――永田希『積読こそが完全な読書術である』（イースト・プレス、二〇二〇、四一－四二ページ）から。

インデックスにもなり、それは記憶に資する材料でもあるからだ。モノとしての本と、電子書籍のようなコンピュータ上のデータの両者について検討しよう。ここでは本について考えるが、読者はそれぞれの必要に応じて他のモノで同じように検討してもよい。

7―5 モノとしての本

まず、「モノとしての本」から検討しよう。主に二つのことを考える。一つは、本そのものについて。もう一つは、その本を複数集めた状態について。

ここで「モノとしての本」とは紙の本を指す。本といったら、もともと本のことなのだが、コンピュータを使って読む「電子書籍」が普及して以来、少々紛らわしい。そこで「本」と「電子書籍」と書いて区別しよう。

現在私たちにお馴染みの本は、何枚かの紙を束にしてまとめたものだ。ある大きさ、ある厚みをもった物質である。つまり本には大きさがある。そして、大きさによって文庫、新書、菊判、四六判など、分類も施されている。

また、本は、なんらかの紙になんらかのインクを使って印刷されている。紙の種類によって、手にとったときの感触やページをめくるときの触り心地、書き込みをする際のインクののりも違ってくる。一冊ごとに見た目も違う。本の見た目はブックデザイナーが設計している。なかには文庫や新書などのシリーズで共通のデザインをユニフォームのように使っている場合もある。ともあれ、本は一冊ごとに大きさとデザインが異なるモノだ。

では、モノとしての本は、人間にとってどんな存在か。

人間は五感で世界やそこにあるモノを知覚する。ただし本を舐めたりかじったりするのでなければ、味覚はとりあえず措いておいてよいだろう。

私たちは、本を読む際、まずは書棚やテーブルに本が置かれているのを目にする。あるいは鞄にしまっておいたのを取りだそうとする。いずれにしても目で見る。それを手にとる。ページを繰り、膝に置いたりする。このとき、指や手のひらをはじめとして、体のどこかの皮膚を通じて接して触覚が生じる。読みながらページに目を落とす。視覚が働く。

本がテーブルや書架に置かれているだけなら音は聞こえない。書棚から取り出し、手にとりページを繰り、テーブルに置くとき、本が体や他のものと触れ合って音が出る。本を読む人にとって、ページを繰る音は一番馴染みのある音かもしれない。これは聴覚に関わる。

本は匂いにも関わる。いまではあまりお目にかからないが、かつては海外から本を取り寄せると、ツンと鼻をつく匂いがすることも少なくなかった。製本に使っている材料によるのだろう。あるいは戦中やその前後の時期につくられた本は、紙が茶色く劣化して少し甘いような独特の香りがする。現在の本も使っている材料によってさまざまな匂いがある。これは嗅覚で感知される側面だ。

こんなふうに、人間は五感のうち四つの感覚を通じて本を知覚する。以下ではこれを「四感」といおう。

こうした本がもたらす知覚は、おそらくその本についての記憶にも関わっている。

先ほど匂いの例を出した。

私は、いまから三〇年以上前、一九八〇年代半ばにアメリカから取り寄せた*Advanced Dungeons & Dragons*という本のことを思い出すとき、ちょっと大きめで硬いカヴァーやそこに描かれたイラスト、お世辞にも質がいいとは言いがたいざらついた紙の手触りとともに、ツンとするような酸っぱいような化学物質の匂いを思い出す。

あるいは三枝博音《さいぐさひろと》の『日本の思想文化』という本には戦中版と戦後版があって、私の書棚には両方が並んでいる（中も少し違う）。戦中版は紙がぼろぼろになっており、少し甘やかな香りがする。この本もそのモノとしての質感や匂いの記憶とともに思い出される。とりわけ何度も目にしたり手にとったりする本については、四感が記憶の手がかりになる。

この点については、電子書籍と比べてみると、その違いがいっそうよく分かる。

例えば、私はiPadを使って自分で電子化した本（PDF）やKindle（Amazonの電子書籍アプリ）やKinoppy（紀伊國屋書店の電子書籍アプリ）などの電子書籍を読んでいる。先ほどの本と同じように、iPadで電子書籍を読む人が、どのような知覚を経験するかを考えてみよう。iPadがテーブルに置かれているのを見る（視覚）。それを手に取る（触覚・聴覚）。操作して起動する（触覚・聴覚）。パスコードを入力するか指紋認証でサインインする（触覚・聴覚）。ホーム画面から電子書籍リーダーを選んでタップする（触覚・聴覚）。電子書籍リーダーが起動したら、読む電子書籍を選ぶ（触覚・聴覚）。読みながらページを進めるためにタップする（触覚・聴覚）。

本の場合と同様、味覚は措いておこう。

右の描写に嗅覚は出てこなかった。iPadもそれを構成するパーツ類の匂いがないわけではないが、ほとんど無臭に近い。仮に嗅覚が働くとしても、どの電子書籍を読むかとは関係なく、常にiPadの匂いがする。

触覚と聴覚も同様だ。どの電子書籍を読む場合でも、私が指で操作するのはiPadという装置だ。どの電子書籍を読む場合でも、私の指が触れるのはiPadであり、そこで生じる音は指とiPadの触れ合う音である。視覚は少し複雑だ。どの電子書籍を読む場合でも、外枠はすべて同じiPadである。どの電子書籍を読む場合でも、画面のレイアウトや表示は、そのアプリの基本設定に従う。例えば、文章を表示する書体、その大きさと色、文字の間隔、行の間隔、余白の広さ、背景の色などは、iPad のサイズとアプリの設定の組み合わせによって決まるものであり、どの電子書籍を読む場合でもこの設定は変わらない（ユーザーがそのつど設定を変えることはできる）。

つまり iPad とアプリで電子書籍を読む場合、表現された文字の並びや図版以外については、どの電子書籍であるかと関係なく、iPad やアプリという同じ装置が利用者と接するわけである。そこで、いま見たように四感についても、どの電子書籍かにかかわらず、同じ iPad とアプリの知覚を通じて経験することになる。

誤解のないように言えば、だから電子書籍はダメだという話をしたいのではない。本と電子書籍は、それぞれに得手不得手があって、それを弁えて両方使えばよい。ここで見てみたかったのは、人間が使う場合、どのような知覚がもたらされるかという点で、本と電子書籍は大きく違っているという事実に目を向けたかったのである。表にまとめるとこうなる（次ページ）。

本のほうは、本ごとに四感が違っている。モノとして違っており、その知覚も違う。仮にそうした知覚の違いが、それらの本についての記憶に関わるとすれば、本の場合、記憶の材料が多いと言えるだろう。

電子書籍のほうは、四感のうち視覚の一部を除くと、どの電子書籍でも同じ感覚なので、

四感	本	電子書籍
視覚	本ごとに違う	どの電子書籍でも iPad & 文章・図版は電子書籍ごとに違う
触覚	本ごとに違う	どの電子書籍でも iPad
聴覚	本ごとに違う	どの電子書籍でも iPad
嗅覚	本ごとに違う	どの電子書籍でも iPad

この点では区別はつかない。やはり、知覚が記憶の手がかりになると仮定した場合、電子書籍は、本と比べてそうした手がかりが少ないと言えそうだ。

使うという観点で見た場合、本のほうはページの端を折ったり、付箋を貼ったり、紙を挟んだり、書き込みをしたり、開いたままその辺に置いておいたり、別の本と並べたり、ばらしたりちぎったりすることもできる。繰り返し手にして読んでいくうちに、手擦れして表紙や小口の形も変わったりする。よく開くページはすぐ開けるようになる。そんなふうにして、モノとして変化が累積してゆくのも本の特徴である。

こうした読書を通じた変化は、右に述べたような本から得られる知覚にも変化をもたらす。買ってきたばかりの本は、数千冊、ときには数万冊と複製された同じ本の一冊だ。だから同じ本を二冊買ってきて置いておくと、最初はどちらがどちらか区別がつかない。だが、それぞれの本を読んだり、書き込みを施したりしていくうちに、同じだった二冊が別の本に変わってゆく[★8]。

例えば、私の書棚には『岩波新書解説総目録1938-2019』（岩波書店）

という本が複数冊ある。一冊は仕事机に置いて、ことあるごとに開いて書き込んだり、付箋を貼ったりしている。もう一冊は、書棚の岩波新書の横に置いてあり、そこまで頻繁に開かない。こうなると、両者は同じ本でありながら、もはや見た目にも別の本へと変わってゆく。そして、新品のときなら区別できなかったのだが、いまでは両者を見間違えることはない。記憶のなかで別の本となっている。

この点で、電子書籍はどうか。

本の場合と同じように、下線やメモをつけたり、付箋のようにマークしたりできる。ただし、下線もメモも付箋も、アプリケーションソフトウェアで設定された形式の範囲内でそうできる。余白に好きなように書き込めるわけではなく、選んだ箇所にメモをつけられる。本と違って、メモ専用の画面があるので、本の余白では到底書き込めない量の文章をメモしておくこともできる。画面を写真にとれば、ちぎって持ち歩くように使える。テキストを選んでコピーすれば、別の場所にペーストもできる。この点は本と比べて各段に便利だ。

他方で電子書籍は、繰り返し読んでもモノとして変化することは少ない。いま述べた下線やメモや付箋などが画面に変化をもたらしはする。ただ、それ以外の点では電子書籍そのものは変化しない。変化するのは閲覧に使っているiPadである。画面に少しずつ傷がつき、指紋が残ったりもするものの、これは個々の電子書籍に生じる違いではない。もう少し言えば、電子書籍はコンピュータの記憶装置にコピーされたデータであり、画面に表示されるつど、そのときの装置やアプリの設定に従って新たに生成されるものである。

仮に、モノがそれを使う人にもたらす知覚の違いが、記憶の手がかりになるとすれば、本には複数の手がかりがあり、電子書籍はその点で手がかりが少ないと言えそうだ。

実際にどの程度の違いがあるのかについては、実験によって確認する必要があるが、関わっている感覚の種類が違うのは以上のことから分かる。また、今後、電子書籍を閲覧するための装置やアプリが変化すれば、右に述べたことも変わってゆく可能性もある。

例えば、ページをめくる際、電子書籍ごとに音の設定を変えられるとか、端末全体がディスプレイのように画像を表示できるようになって、これから読もうとする電子書籍ごとに端末の見た目も変化するなど、技術やそれを使うアイデア次第で変化してゆく可能性はある。

7-6 モノとしての本による環境

次に、そうした本が複数集まった場合について考えてみよう。

★8——本への書きこみをマルジナリアという。マルジナリアには、人それぞれの本の使い方が示されている。その様々な例を集めて眺めた『マルジナリアでつかまえて』（本の雑誌社、二〇二〇）もご覧いただければ幸いである。

部屋にある数冊の本。書棚に並ぶ本。あるいは書店や図書館に集め置かれた本。その他、さまざまな場所に本は置かれる。そして、それがどこであれ、集め置かれた本は環境の一部となる。つまり、私たちの目の前にあったり、まわりを囲んだりする。

私たちは、目や耳に入るもの、各種の知覚を通じて心になにかが思い浮かんだり思い出したりする。例えば、テーブルに置いてある本を見て、いい小説だったなと思う。それをくれた友人は元気にしてるかな、たまには連絡してみようかなと思い立ったりする。モノとしての本は環境の一部であり、それを目にした人になにかをもたらす。

例えば、図書館を訪れる。そのときどきで、なにかしら探している本や関心を持っているテーマがあるかもしれない。棚のあいだを歩くうちに、そうした自分の興味に関わるものが目に飛び込んでくる。和食の歴史を知りたいと思っていたら、文庫のコーナーで『天丼かつ丼 牛丼 うな丼 親子丼』という本が目に入る。前回訪れたときには別のことを考えていたので、棚にそんな本があることにも気づかなかった。

あるいは、特に探しものもなく、注意を向けているテーマがあるわけでもない、ということもあるだろう。そうした場合でも、見て歩いているうちに、「そういえば」と気になるものが浮かんできたりもする。書棚を目にして気持ちが動かされる。図書館に足を踏み入れる前にはすっかり忘れていたことを、書棚を見て思い出したりする。言えば単純なことだが、私たちはモノとして並ぶ本を目にして、そんなことでもなかったら意識しなかったようななにかを思い出したり考えたりする。

そして、何度も目にしている書棚の様子は、努力しなくても自然と頭に入ったりもする。例えば、これまで何度も訪れた本屋なら、入口から奥まで、フロアの形や棚の配置、あるいはどこにどんな分野の本が置かれているか、知らず識らずのうちに覚えているものだ。

入口を入ると一階は新刊書のフロアで、すぐ左手にエスカレーターがある。これをのぼりきったところに特設コーナーがあって、右手に百八十度折れると、通路にそって写真集や美術書がある。行き当たりをさらに百八十度右に折れると三階へ続くエスカレーターがある。これをのぼると、ここにも特集コーナーがある。右に進めば文学の棚。批評や評論、全集類、詩集、古典、ミステリ、ＳＦなどが、床から天井まである書棚に並んでいる。文学書に隣接するのは哲学思想書の棚。古代ギリシアから現代までおおむね歴史順に並ぶ。このフロアには、東洋思想、宗教、歴史、人類学、本の本などもある……。

その気になれば、何度もその前に立ったことがある棚については、具体的な本の配置も思い出せる。よく通う書店なら、前回訪れたときとの違いにも気がつきやすい。

そんなわけなので、よく通っている書店で、見知らぬ人が探し物をしているのに遭遇すると手助けできることもある。当然というか、その人は近くにいる店員さんに声をかける。

「ビジュツテチョウはどこにありますか」「ギジュツテチョウですか？　ええと……どこだったかな。少々お待ちください」といって、店員さんが検索に行こうとする。お節介と思いつつ、「『美術手帖』なら、一階の雑誌コーナーの文芸誌の向かいにありますよ」などとお伝えする。「ニーチェの本を探してるんですが」「ニーチェ、ちょっとお待ちください……」「ニーチェが書いたものでしたら、ちくま学芸文庫の棚に『ニーチェ全集』がありますよ。あと、こちらに単行本も少し、ほら」なんてこともあった。これは冗談のようなほんとの話。

そうは言っても書店の内部は複雑だ。なにしろ数千冊、数万冊の本がひしめくように並んでいる。私のように記憶にまったく自信のない人間には、普通であれば到底把握できそうもない。というよりも、はなから無理だと思っているので、そもそも記憶しようと考えたり、努めたりしたことはない。面白いことに、それでも覚えてしまうものだ。

どうしてそんなことが可能なのか。思うにポイントは二点ある。

その一、繰り返し訪れること。

結局のところ、人間は繰り返し知覚したものを覚える。書店に限らず、住んでいる家や部屋、学校、会社、駅、商店、劇場、公園、街など、繰り返し訪れる場所については、同じように自然と記憶されてしまうものだ。はじめて訪れた書店のことは、そこまで記憶できないとしても、訪れるたび、空間の様子やものの配置が記憶されてゆく。

ただし、ただ訪れれば覚えられるわけではない。そこでもう一つポイントがある。

その二、興味を持って眺めること。

例えば、同じ書店の店内でも、あまり興味を持っていない分野の棚は、記憶が曖昧かもしれない。たしかにその棚の前は通るし、目には入っている。しかし注意を向けていなければ、目には入れど見てはいないという状態になる。別にそれがいけないという意味ではない。私たちは、普段、なんでもかんでも注意を向けているわけではない。ただ、目に入れるのと見るのとは似て非なることだ。

ここでもう一度ホームズにご登場願おう。ワトソンは、ホームズの推理を聴いて、自分でもできそうだと感じる。だが、実際には同じものを見ているはずなのに、ホームズに説明してもらうまでなんのことか分からないという。それを聴いたホームズは、ワトソンに問う。きみもこの部屋につながる階段を幾度となく登っただろう。では、何段あるかな、と。ワトソンは、そんなことは知らないという。そこでホームズはこう言う。

> きみは観察していないんだ。そのくせ、見るだけは見ている。そこなのさ、ぼくの言いたいのは。ついでに言うと、ぼく自身は階段が十七段あると知っている。見るのと観察するのとを、ふたつながらやっているからだ。★9

ワトソンだって、ベーカー街にあるホームズの部屋（２２１Ｂ）を何度となく訪れている。そのたびホームズの部屋に通じる階段を登りながら、それを目にしている。にもかかわらず、いざ階段は何段あるかと問われても答えられない。それまで気にしていなかったからだ。階段を上る際、「これは何段あるのかな」と注意するからこそ段数も分かる。

念のために再び言えば、階段の数が分かるからスゴイという話ではない。何度も通って目にしている場所でも、その気がなければ見落とすものだ、という人間の仕組みをホームズは指摘しているわけである。

この言い方を借りれば、書棚もまた、目にするだけでは頭に入らない。注意を向けて観察してこそ、いっそうよく識別できるようになる。

通い慣れた書店がある人でも、フロア全体の全ての棚について満遍なく把握しているわけではない。やはりこれまで自分が興味を向けてきた棚は詳しく、そうでもない棚はぼんやりと把握しているはずである。そうした程度の差はあれど、繰り返し興味をもって観察するうちに、書棚の様子を嫌でも体が覚えてしまうのである。

自分の身の回りに本を置く場合も同じことが言える。

住んでいる場所で、目に入るように本が置かれていることにはいくつかの効果がある。なかでも私が重要だと思うのは、日常生活のなかで意識しなくてもそれらの本を繰り返し目にするという効果だ。なにしろ住んでいる場所だけに、それらの本に用事がなくても前を通れば目に入る。何回目にしたかと数えることに意味がないほど目にする環境である。

そして、自分の身近にどんな本をどのように置くかということは、比較的自分でコントロールしやすい。

もちろん家族や他の人とともに住んでいる場合、完全に自分の自由にできるとは限らないし、本を買うにも先立つものは必要だから、なんでも自由というわけではない。私も学生の時分は、欲しい本、読みたい本ばかり増えるのに、そうそう買うわけにはいかないので図書館で借りて済ませることも多かった。とはいえ、図書館の本でも貸出期間のあいだ、棚に置いて自分の環境にすることもできる。

こんなふうに身の回りに置く本を整えるにも、いくつかの条件がある。それを弁えた上で言うなら、本を置く自分のための場所と本を買うためのいくらかのお金があれば、モノとしての本の環境をつくることができる。自分で本を選び、それをある順序で並べて置くことができる。この場合、量の多寡は問題ではない。どんな「小部屋」にするか、どんな「ビオト

★9――コナン・ドイル「ボヘミアの醜聞」（深町眞理子訳、『シャーロック・ホームズの冒険』、創元推理文庫、東京創元社、二〇一〇）〔Arthur Conan Doyle, "A Scandal in Bohemia", in *The Adventures of Sherlock Holmes*, 1892〕から。

ープ」にするかが問題である。

先ほど検討したように、本はそれぞれが、ある外見や重さや手触りや匂いを備えている。そしてもっぱら、離れた場所から眺める場合、そのデザインが目に入る。背表紙は、多くの場合、著者名、書名、副題、叢書名、版元といった要素が表記され、デザインを施されている。すでに内容を知っている本なら、この背表紙はその内容に対するインデックス（索引）のようなものとして機能する。

例えば「『見知らぬものと出会う』、そうそう、この薄い桃色のデザインで、人間はどうやって想像できないものを想像するかという議論をしてる本だった。木村さんの『括弧の意味論』も面白かったな……」というふうに。

手にした本は熟読しないまでも、目次や索引を読み、中をぱらぱらと見ておくとよいと勧める読書術指南がある。[★10] そうした点検をしておくと、書棚で見た背表紙をインデックスとして、内容を思い出せるという効能もある。

書棚をつくるということは、そうしたインデックスを目につく場所に並べるようなものだ。この喩えに重ねて言えば、一つの事典の見出しを選んで並べているようなものといってもよい。何をどこにどう並べておくか。書棚における本の並べ方は、工夫すればそれらの本の組み合わせ自体が文脈を形成する。そこでは、それぞれの単体の本だけでは生じない、文脈をつくり出すこともできるのである。

例えば、私は蔵書を大きく、人文学（言語学、哲学、文献学、文学、歴史学など）、自然科学（数学、物理学、化学、生物学、神経科学など）、社会科学（社会学、考古学、人類学、経済学、政治学など）、芸術（文芸、美術、音楽、映画、ゲーム、マンガなど）と場所を分けて並べている。ただし、岩波文庫、講談社学術文庫、ちくま学芸文庫、平凡社ライブラリー、平凡社東洋文庫といった叢書は、それぞれの叢書ごとにまとめる。

哲学の棚では、哲学事典類、ソクラテス以前の哲学者、プラトン全集、アリストテレス全集、キケロー著作集、西洋古典叢書、中世思想原典集成、デカルト全集、スピノザ全集、ライプニッツ著作集……合間にそれぞれの関連書という具合に、およそ時代順に並べている。こうすることで、この棚を見るたび、ヨーロッパ哲学の歴史の流れが大まかに目に入る。他の分野も同じように、年代順に並べたり、文芸なら著者名順に並べたりしている。

いったん本たちの位置が定まると、先ほど書店の棚について述べたような見当識も生じる。生活する空間で、毎日意識せずとも目に入るので、家のなかの書棚の位置や、書棚のなかの

★10——例えば、読書論の古典、モーティマー・J・アドラー＋チャールズ・ヴァン・ドーレン『本を読む本』（外山滋比古＋槇未知子訳、講談社学術文庫、一九九七）〔Mortimer J. Adler and Charles Van Doren, *How to Read a Book*, Simon and Schuster, 1940; 1967〕でいう「点検読書」など。

本の位置といった配置の様子も、知らず識らずのうちに長期記憶に収まるわけである。これは、私の脳内にある関心を投影した環境とも言えるし、図らずしてそうなった記憶の劇場のようなものだ。

そして、なにかのテーマについて文章を書いたりゲームをつくったり教えたりする必要が生じると、そのテーマを念頭に置きながら書棚を眺める。関連がありそうな本を取り出し、仕事机に運んで、そこに並べ、小さなコーナーをつくる。

例えば、いまこの文章を書いている私の机には、記憶や神経科学などに関する本が並んでいて、ときどき背表紙を眺めたり、本を手にとって目次を見直したりしている。かつて読んで付箋を貼っておいた箇所や書き込み（マルジナリア）を施した箇所のメモを読む。そうだった、といって原稿に戻る。そんなふうにしてそのつど自由に環境をつくれる。

こうしたことをする間にも、書棚に足りない本、あればよいと思える本に気づく。可能であれば手に入れて、棚の然るべき位置に置く。ちょうど庭の手入れをするように、日々少しずつ書棚の様子も変わってゆく。

こうした書棚やそこに置かれた本たちは、ともに暮らし、馴染めば馴染むほど、自然と記憶もされて、自分の身体の延長のように扱えるようになってゆく。

例えば、よく使い込んで手に馴染んだキーボードやペン、包丁やギターなどが、自分の身体と一体化して機能を拡張するように、モノとしての本もまた、一種の身体拡張の効果をもつ。別の喩えをするなら、紙とペンを使うと暗算の難しい計算もすらすらこなせるように、ある本や書棚によって自分がものを考える余地が広がるということがある。本を集めて配置した書棚とは、そのような身体拡張の環境でもあるのだ。キッチンの調理道具、ガレージの工具類、仕事机の文具類など、各種の環境についても同じことが言える。

それだけに、自分の記憶を世話するという観点から見た場合、多くの時間を過ごす空間に、所有している本をどのように並べるかは、それ自体検討に値することなのだ。

最後に付け加えれば、書棚のもう一つの利点は、そうはいっても有限であることだ。よほどの豪邸や図書館にでも住んでいるのでもなければ、空間に置かれる本にもおのずと限りがある。物理的にも人間の身の丈にあった量に収めやすい[★11]。これは次に述べる電子環境と比べる際のポイントでもある。

★11——ただし、建物の床が抜けるほど本をため込むようなケースもある。こうなると、ここに述べたような本との関係は結びづらくなる。そもそもどこになにがあるか分からず、あるとしても、層をなす本の山のどこにあるか、発掘しなければならない。このようなことは、言うまでもないかもしれないが、私自身、かつて住んでいたマンションの玄関から奥の仕事部屋まで、私が一人通れるケモノ道ならぬショモツ道しかないような状態にしたことがあり、その時の反省からこの注を記しているのだった。鉄筋の建物を選んで住んでいたものの、さすがにこれは床が抜けても文句は言えない（しかも下の階は大家さんの住居！）と反省して、古本屋に来てもらってだいぶ持っていってもらったのだった。

7－7　コンピュータによる環境

では、電子書籍に代表されるコンピュータの環境はどうか。

例えば、電子書籍を使う人や本を電子化する人の多くが実感するように、なにより物理的な場所をほとんどとらないのが素晴らしい。千冊の本を家に置こうと思ったら、それだけの置き場所が必要である。電子書籍なら、コンピュータの記憶装置に収まる。物理的な空間としては、電子書籍を閲覧する装置が占める容積程度でよい。これは大きな違いだ。

これも使った人なら実感するように、本や本の中身を検索できるのは素晴らしいメリットである。「前に『脳はなぜ都合よく記憶するのか』の電子版を買ったよな……」と検索をかけて確認すれば、本の山を何十分も探した挙げ句見つからないということもない。「たしかこの本のどこかに、エピクテトスの名前が出ていたはず……」と思ったら、全文検索をかければよい。テキストの必要な部分をコピーして、他のファイルにペーストしたり、ハイライトやメモをつけたりすることもできる。

また、電子書籍を閲覧する装置自体が軽いものなら、どんなに重たい本も大きな本も、何冊でも、その装置だけ持っていれば読めるので楽である。外に出歩くとき、二十冊の本を担ぐだけで一仕事。電子書籍ならそういう苦労もない。なにかといいこと尽くめである。

では、環境として見た場合はどうか。

本章の「7－3　モノとしての本」でも検討したように、電子書籍は、それ自体は目に見えない。というのも、その正体はデータの塊であり、どこに設置されているかも知らないどこかのコンピュータの記憶装置内や、自分の手元の電子書籍を閲覧するコンピュータの記憶装置に保存されている。いずれにしても、私たちはコンピュータの記憶装置を直に見たりはしない。[★12] 電子書籍を閲覧する装置を通じて、記憶装置上のデータが例えば、ジョージ・オーウェルの『一九八四年』日本語訳版として、画面に表示されるわけである。

電子書籍のデータは、ファイルという形式でコンピュータの記憶装置に保存されている。

★12――念のために言えば、「コンピュータの記憶装置を直に見る」ということには二つの意味がある。一つは、文字通り機械装置として、そのコンピュータの記憶装置を見ることだ。コンピュータのカヴァーを外せば、マザーボードと呼ばれる基板に記憶装置（メモリ）が装着されている。外から見えるのはそれだけで、その中にどのようなデータがどのように保存されているかは外見では分からない。もう一つの意味は、記憶装置の内部にデータがどのように保存されているかを直に見るという意味である。これは、プログラムする際などに使う専用のツールを使えば見られる。ただし、記憶装置上の「ここにあの電子書籍のデータがある」ということが分かったとしても、そのままでは中身は分からない。ただ0から9までの数字とAからFまでのアルファベットが組み合わさったデータが延々と並んでいるのが見えるだけである。そして、普通はこのような形で、記憶装置に収められたデータを見ることはない。電子書籍なら、電子書籍アプリを通じて、この記憶装置上のデータを、例えばジョージ・オーウェルの『一九八四年』の電子書籍用テキストデータとして読める形に変換するわけである。

記憶装置上に、例えば「e_books」という名前のフォルダがあり、そこに三〇〇個のファイルが入っている。フォルダとは、ファイルを入れる箱のようなものだ。

ついでながら、コンピュータの環境について立ち止まっておこう。

コンピュータで扱われるデータは、「ファイル（文書）」や「フォルダ（書類入れ）」という現実世界で書類整理に使われる道具になぞらえられている。これはひとえに、コンピュータを使う人間にとって分かりやすくするための工夫だ。フォルダは入れ物となる箱であり、ファイルは各種の文書、データのこと。それぞれのフォルダとファイルは、名前をつけて区別する。

フォルダの構造についても見ておこう。

通常、コンピュータのフォルダは、全てのおおもととなるフォルダ（ルートなどと呼ばれることもある）があり、その中にファイルやフォルダをつくることができる。ちょうど、大きな箱（おおもとのフォルダ）のなかに、書類Aとフォルダ1とフォルダ2を入れて、フォルダ1のなかに書類BとCを入れ、フォルダ2には書類Dとフォルダ3を入れる、というふうに箱のなかの箱のような入れ子構造になる。

現実世界のフォルダやファイルと違うのは、フォルダにはOSが設定している上限以内であれば、いくらでもフォルダやファイルを入れることができる点。だから例えば、おおもとのフォルダに三つの子フォルダがあり、それぞれの子フォルダの下に一〇〇個ずつの孫フォルダを入れる、ということもできる。

これは現実世界の箱で同じことをしようと思ったら大変だ。コンピュータでは、物理的な大きさなどとは関係なく、フォルダやファイルの包含関係、どのフォルダに何が入っているかという互いの位置関係だけが重要である。

では、もう少し具体的に検討しよう。あるフォルダに三〇〇個の電子書籍のデータファイルがあるとしよう。これらのファイルはどのように見えるか。そのコンピュータで使っているＯＳや設定によって、違いはあるものの、多くの場合、次のような外見になる。

まず、e_booksという名前のフォルダが一つのウィンドウ（矩形）として画面に表示される。そして、そのウィンドウのなかに、ファイルが三〇〇個並ぶ。どのように並ぶかは、表示の設定による。箇条書きのリストのように文字列が並ぶこともあれば、ファイルを表すアイコン（小さな画像）が三〇〇個並ぶ場合もある。なにもしなければ、ファイルのアイコンの見た目はみな同じようなもので、ファイル名だけが違っている。

アイコンなら、それぞれのアイコンの配置は、利用者が自分で決めることもできる。リスト型の表示なら、自動的にファイル名の順に並んだりする。改めて言えば、これら三〇〇個のファイルが、このように目に見えるのは、利用者が、e_booksというフォルダの中身を画面に表示するようコンピュータに命令した場合に限られる。勝手にそのような画面が表示されることはない。つまり、そのように命令しない限り、この三〇〇個の電子書籍のファイルが画面に表示されたりはしない。

なぜこのような細かいことをくどくどと述べているのか。それには理由がある。

先ほどのモノとしての本の環境を思いだそう。

本の場合、そこに置いてあれば目に入る。書棚の前に立てば、並んでいる本が目に入る。電子書籍の場合はどうか。閲覧装置のスイッチを入れて、しかるべき操作を施すと、画面にいま述べたようなファイルの一覧が表示される。そうしない限り、目に入ることはない。この違いは大きい。

書棚では、非意志的な記憶が誘発されるチャンスもある。電子書籍では、自ら思いついてフォルダを開くまで、そういうことは生じづらい。そのフォルダを開くという行動から始まるからだ。言い換えれば、環境として考えた場合、電子書籍は見えない場所に保存されるという性質上、嵩《かさ》張らない代わりに利用者が思いつかない限り、見えない状態に留まる。

検索についても検討しておこう。

私は蔵書の一部を自分で電子化したファイルを一万冊分持っている。それを「図書館」というフォルダにまとめて入れてある（図1）。このフォルダをコンピュータで開くとどうなるか。表示に使うディスプレイの大きさにもよるが、私がいま使っている環境では、フォルダ内で一度に表示されるファイルは四〇個弱である（図2）。一万ファイルのうち一度に見えるのが四〇ファイル。実に〇・四パーセント。全部のファイル名を見ようと思ったら、いま見えている画面をあと二四九個分スクロールして切り替えなければならない。一望どころか二五〇望である（そんな言い方があるかどうか知らないけれど）。

では、画面が超巨大になればよいかといえば、そうでもない。仮に一つのウィンドウに千

図1　各種データを保存しているフォルダ

「02_books（書物）」というフォルダは、デスクトップでは「図書館」という名前で見えるようにしている。

1966_『現代日本思想大系01_近代思想の萌芽』（筑摩書房）.pdf	2014/04/12 3:54
1966_『世界の大思想24_キルケゴール』（河出書房新社）.pdf	2014/05/29 21:57
1966_『世界文学全集22_ジイド「贋金つかい」モーリアック「テレーズ・デスケールー」他』（集英社）.pdf	2014/07/19 19:30
1966_『別冊みづゑ』第46号1966年07月号「日本洋画の150年」（美術出版社）.pdf	2017/08/27 1:37
1966_Jブロック＝ミシェル『ヌヴォー・ロマン論』（紀伊国屋書店）.pdf	2014/03/16 4:34
1966_MichelFoucault_Les_Mots_et_les_Choses(Gallimard).pdf	2014/07/06 2:26
1966_SalomonBochner_The_Role_of_Mathematics_in_the_Rise_of_Science(Princeton_Universit...	2015/07/14 21:15
1966_アンドレ・シュラキ『ユダヤ思想』（文庫クセジュ0400、白水社）.pdf	2014/05/05 8:31
1966_イマニュエル・ウォーラーステイン『社会科学をひらく』（藤原書店）.pdf	2014/08/01 16:22
1966_ガストン・バシュラール『蝋燭の焔』（現代思潮社）.pdf	2014/03/25 16:23
1966_クロード・ロスタン『ドイツ音楽』（文庫クセジュ0394、白水社）.pdf	2014/05/05 9:46
1966_サルトル『サルトル全集第34巻_聖ジュネ_演技者と殉教者１』（人文書院）.pdf	2014/05/03 0:39
1966_ピエール・グリマル『ラテン文学史』（文庫クセジュ0407、白水社）.pdf	2014/05/05 9:37
1966_高津春繁『ホメーロスの英雄叙事詩』（岩波新書青版615）.pdf	2014/03/27 9:23
1966_山田英世『デューイ』（人と思想23、清水書院）.pdf	2014/07/10 14:26
1966_西田龍雄『生きている象形文字』（中公新書0112）.pdf	2014/03/19 23:36
1966_斉藤孝『スペイン戦争』（中公新書0104）.pdf	2014/03/17 10:59
1966_村田全＋茂木勇『数学の思想』（NHKブックス0042）.pdf	2014/08/08 1:18
1966_大塚久雄『社会科学の方法』（岩波新書青版607）.pdf	2014/03/28 22:02
1966_田中秀央編『増訂新版羅和辞典』（研究社）【ラテン語辞典】.pdf	2014/07/01 0:11
1966_入江昭『日本の外交』（中公新書0113）.pdf	2014/03/15 10:29
1966_帆足図南次『帆足万理』（人物叢書、吉川弘文館）.pdf	2015/03/20 0:27
1967_『ジャン・ジュネ全集1』（新潮社）.pdf	2014/07/19 19:14
1967_『世界の名著02_大乗仏典』（中央公論社）.pdf	2014/07/20 21:19
1967_『世界の名著42_プルードン_バクーニン_クロポトキン』（中央公論社）.pdf	2014/05/07 1:22
1967_ALモートン『イギリス・ユートピア思想』（未來社）.pdf	2014/03/20 1:38
1967_BernardMalamud_The_Fixer(Penguin_Books).pdf	2014/07/04 18:42
1967_CPスノー『二つの文化と科学革命』（みすず書房）.pdf	2014/03/28 16:54
1967_GillesDeleuze_Presentation_de_Sacher-Masoch(Les_Editions_de_Minuit).pdf	2014/04/03 18:14
1967_JDバナール『歴史における科学1』（みすず書房）.pdf	2014/08/08 2:02
1967_JDバナール『歴史における科学2』（みすず書房）〔科学史〕.pdf	2014/08/07 21:28
1967_JDバナール『歴史における科学3』（みすず書房）.pdf	2014/08/08 1:52
1967_JDバナール『歴史における科学4』（みすず書房）.pdf	2014/08/08 1:57
1967_RogerCaillois_Les_Jeux_et_les_hommes(folio_essais).pdf	2014/06/16 23:56
1967_TEヒューム『ヒュマニズムと芸術の哲学』（法政大学出版局）.pdf	2014/03/15 23:01
1967_オソウスキー『社会意識と階級構造』（世界の思想13、法律文化社）.pdf	2014/05/03 14:03
1967_オルテガ・イガセット『大衆の反逆』（角川文庫2467）.pdf	2014/07/28 22:28
1967_ジャン・ピアジェ『知能の心理学』（みすず書房）.pdf	2014/04/25 23:01
1967_ジョルダーノ・ブルーノ『無限、宇宙と諸世界について』（現代思潮社）.pdf	2014/04/29 1:13

図2 「図書館」フォルダの中

このようなファイルが約1万個ある

ファイルを表示できるとしても、同じアイコンで文字列（ファイル名）だけが違うリストを見ても、なにがなにやら把握できるものではない。かえって目がちかちかするだろう。

　ゲームをつくるとき、しばしば厖大なデータのリストと画面で睨めっこすることがある。余程注意深く見ていても、目が滑って見ようと思っていた隣を見てしまったり、見落としたりする。同じアイコン、同じ色と大きさのフォントがずらずらと並ぶ。そうした同質の表示が並んでいても、私たちにはなかなか見分けがつかないものだ。

　それにしても、なぜこんなことになったのか。これは推測だが、インターネット以前のコンピュータでは、個人のパソコンでこんな規模のファイルを扱うことはあまりなかったと思う（いざ扱おうと思っても、さまざまな制限で困難だった）。他方で、せいぜい数百のファイルを扱うなら、この形式でも間に合った。

　現在では個人でも数万という規模のファイルを扱う。このとき、従来の規模のファイルを扱えればよいユーザーインターフェイス（画面表示と操作）のままではどうにもならない。言い換えれば、現在のＯＳは、個人が数千数万のファイルを扱っても快適に使えるようにする、という想定がなされていない（想定された結果が現状だとすれば、それはそれで問題である）。

　原因はともかく、結果的に現状のＯＳは、扱えるデータ量と、それを見たり操作したりするインターフェイスとのあいだに齟齬がある。簡単に言えば、扱いづらいのである。これはどうしたらよいか。そのアイデアについては、次節で述べることにして、ここではあと二つの問題点について検討しよう。

もう一つ、コンピュータ環境で問題となるのは検索だ。一万冊の電子化した本のデータがある。もはやなにがどこにあるかも分からない。そこで、頼りにするのは、インターネットと同様に検索の仕組みだ。探したい本や著者の名前を入れて検索をかける。これで見つかれば先ほど述べたように便利である。楽ちんである。だが実際には、そうもいかないことが少なくない。

例えば、私は電子化した本のデータに次のような規則でファイル名をつけている。これはひとえに、ファイル名から探しやすくするためだ。

西暦_著者名『書名』（シリーズ名_版元）.pdf

具体的にはこんな具合。

2010_中井久夫『私の日本語雑記』（岩波書店）.pdf

こうしておくと、ファイル名順に並べたとき、刊行年順になるのも便利である。
さて、このようにファイル名をつけてあれば、検索にも便利であろうと思われるかもしれない。実際便利だ。ただし、次の場合を除く。

・入力ミスがある
・表記に揺らぎがある

右のファイル名で「中井久夫」と入力すべきところ、「仲井久夫」や「中井久雄」と入力して気づかずにいるということがある。この場合、いくら「中井久夫」という文字列で検索をかけても出てこない。同じことは、ネット上の古本屋のデータベースなどでしばしば遭遇する。以前見た例では、山下貴光さんの本の著者名が、山本貴光と入力されていたことがあった。見方を変えると、私の名前で検索した結果、私が書いたのではない本がヒットするということにもなる。

同じようにして、表記に揺らぎがある場合、やはり検索がうまくいかない場合がある。私はこれを勝手に「マキャヴェリ問題」と名付けている。[★13]

イタリアの思想家、ニッコロ・マキャヴェリの日本語表記には、私が見かけただけでも一

○通り以上の表記がある。マキャベリとか、マキアヴェリとか、マキァベッリとか、もとのMachiavelliというイタリア語の綴りを、どうやってカタカナ語にするかで、たくさんのヴァリエーションがある。

　これは、コンピュータでの検索にとっては、なかなか洒落にならない。自分ではファイル名に「マキャヴェッリ」と書いておいたのに、検索する際に「マキャヴェリ」と入力すれば、検索結果は「なし」ということになる。

　そういえば、いまではゲーテとしてお馴染みのあの人も、かつて「ギョエテ」と書かれていたりしたのも思い出される。あるいは原語のギリシア語風にアリストテレスと記されることの多い名前も、昔は英語風に「アリストートル」と書かれていたりする。これは古い時代の本を探す場合に知らないと障壁となる。

　要するに、ファイル名をつける際に自分がつけた文字列と、検索するときに思いつく文字列が必ずしも一致しない場合がある。入力ミスや表記の揺れによって、そうしたズレが生じる。また、これはファイル名に限らない。検索用のデータを用意してあるデータベースなどでも、同様の問題が生じる。

　これは先ほどの厖大なファイルの扱いに比べると、技術的に解決しやすい。表記の揺れについては、「マキャヴェッリ」でも「マキャベリ」でも「マキアヴェリ」でもその他でも、いずれの文字列で検索しても、互いに検索結果に表示されるようにデータをつくればよい（面倒だけど）。また、Google検索で、「ドストフスキ」などと間違った文字列を入力すると、次のように自動的に別の候補で検索される仕組みもある。

次の検索結果を表示しています：ドストエフスキー
元の検索キーワード：ドストフスキ

ただし、この仕組みは、ときとして探したい言葉を正確に入力しているにもかかわらず、勝手に別の候補に置き換えられてしまうという弊害も生じる。シチリア語などの、比較的マイナーな言語やネット上に関連ページが少ない文字列について検索する場合などは、特にこの状態になることが多い。

いずれにしても、技術的にある程度解決できる課題である。といっても検索のしくみをどこまで信じてよいかは別の問題だ。

一万ファイルに対して「多和田葉子」で検索をすると、検索結果はゼロと言われる。いや、

★13――マキャヴェリ問題については、以前『マルジナリアでつかまえて――書かずば読めぬの巻』（本の雑誌社、二〇二〇）に書いたことがある。同書二六八－二六九ページをご覧あれ。

あったはずだぞ、と思い直して「多和田」で検索すると、「多和田葉子」とファイル名に書かれたものが出てくる、なんてこともある。検索の結果、本当に該当するファイルがあるのかないのかは分からない。まあ、そのくらい大雑把でもいいじゃない、とおおらかに構えてもよいのが、検索するときは、どちらかというと「どうか、あのファイルがありますように……！」と祈るような気持ちで行うことも多いのである。

最後にもう一つ、データの脆弱性についても述べておこう。

コンピュータのファイルは、意外とはかなく脆いものだ。「意外と」というのは、人がどの程度の堅牢さを期待しているかによるかもしれない。私はこれまで、重要なファイルを復帰できない形で失ったことが何度かある。会社で使っていたコンピュータが煙を吹き始めて文字通り壊れたり、まだ自動バックアップ機能がなかった時代に、フロアの集中電源付近で作業していた新人さんが「あ！」と声をあげた途端、そのブロックのパソコンがすべて強制シャットダウンしたり……（こういう驚いた出来事はよく覚えているものだ）。

いまでこそ、クラウドにコピーを置いておけば比較的安心ではあるものの、そのクラウドサーヴィスで間違ってデータを削除してしまうといった事件もないわけではない。とかくコンピュータのデータは失われがちである。もっとも年々、バックアップの仕組みもよくなっているから、以前に比べればデータが失われる機会も減ってはいるだろう。

ただ、いずれにしても、いつどのように消えてしまうか分からないというリスクはある。無くしたくないデータは、多重にバックアップをとり、保存した装置が壊れないよう注意するなどの対策が必要である。もっとも、この点は本も同じといえば同じ。焚書を典型として、本そのものがさまざまな機会に破壊され、失われてしまうこともある。★14

7−8 知識OSの構想

さて、以上では本とコンピュータを題材として、記憶との関係について検討してみた。ここからは、本書の冒頭で述べたように、記憶のデザインに役立つコンピュータの使い方を考えてみよう。二つのアイデアを検討する。

一つは、コンピュータを人間の記憶にとって身の丈にあったものに仕立て直すというアイデアだ。本節ではこれについて述べよう。

★14――どんな可能性があるのか、興味のある向きは、例えば次の本をご覧あれ。ウィリアム・ブレイズ『書物の敵』（高宮利之監修、髙橋勇訳、八坂書房、二〇〇四）〔William Blades, *The Enemies of Books*, Elliot Stock, 1896〕、フェルナンド・バエス『書物の破壊の世界史――シュメールの粘土板からデジタル時代まで』（八重樫克彦＋八重樫由貴子訳、紀伊國屋書店、二〇一九）〔Fernando Báez, *Nueva Historia Universal de la Destrucción de Libros: De las tablillas sumerias a la era digital*, Océano , 2013〕など。

もう一つは、序章で述べたフェイクフルネスに対抗するための環境構築についてのアイデアで、これについては次節で述べる。では第一のアイデアにとりかかろう。

ここで考えたいことをあらかじめまとめれば、コンピュータ上に記憶のためのビオトープをつくること。これが課題である。

先ほど検討したように、現在のコンピュータのＯＳは、しくみとしては尨大なデータを扱える一方で、それらを把握しやすく、操作しやすいインターフェイスになっていなかった。ここに齟齬があり、特に多くのファイルを扱う人ほど、どこになにがあるのかという見当識を持てない状態にある。ここで考えたいのは、こうした現状を改善して、コンピュータのデスクトップを、利用者の記憶に資するものに作り替えることだ。

現在のＯＳでは、デスクトップと呼ばれる基本画面がある。これは表示に使っているディスプレイと同じ大きさの一枚の平面だ。場合によってさらに広い場合もあるが、ここでは話を簡単にするため、一枚の平面としておく。このデスクトップという平面に、利用者は好きな画像を表示し、その上でフォルダやファイルをつくったり、配置したりできる。また、先に見たように、フォルダにはその中にさらにフォルダをつくって、階層構造をつくることもできる。

フォルダを開くと、新しいウィンドウが開いてそこに当該フォルダの中身が表示される。

Windowsの場合ならナビゲーションウィンドウといって、画面の左側にフォルダの階層構造と現在の位置を表示する領域がある。いわばフォルダの地図だ。この仕組みは便利ではあるものの、述べてきたように、似たような見た目の大量のファイルを扱う際には、どこになにがあるか分からなくなる。そこでどうするか。

はじめに、区別のために名前を与えておこう。いまから仕組みを述べるソフトウェアを、仮に「知識ＯＳ」（KOS：Knowledge Operationg System）と呼ぶことにする。コンピュータ上にあるフォルダやファイルを、利用者が単なるデータというよりは、一種の知識として扱いやすくするという含意である。知識ＯＳは、ユーザーが知識を扱うとともに、その記憶を助けることを目的としている。

さて、まずはデスクトップを記憶に資する場にする。現在の平面ではこの点が弱い。できれば、「7-4　ビオトープをつくる」以下で検討したモノとしての本の環境と同じように、コンピュータを使うとき、いつも自然と目にする場所に工夫をしたい。

背景に表示する画像を工夫して、平面上を書棚のように区域に分けるというやり方もある。これは実際にそうした画像さえつくればすぐに試せる。ここではさらに先へ進めたい。以下に述べることは、現状のＯＳでそのまま実現できるものではなく、そのような働きをするソフトウェアをつくるという前提のアイデアである。

先に見た記憶術のアイデアを借りよう。

デスクトップを記憶に資する場にするために、ここに馴染みの場所をつくる。三次元の立体表現がよいだろう。例えば、デスクトップにいま自分が住んでいる家、あるいはよく足を運んでいて記憶のなかで歩き回れるような場所があれば、その場所をつくる。よく行く書店や図書館、学校や会社でもよい（自分のパソコン上で学校や会社の建物に行きたいかどうかは別として）。ちょうどその建物の入口に向かって立っているときに見えるのと同じような風景をデスクトップにコンピュータグラフィックスで表示する。

具体的には図面や何枚かの写真を読み込ませると、ある程度自動でその建物のモデルが生成され、細部については自分で改築できるようにしよう。特に建築などの知識がなくても、レゴブロックで建物を組み立てるような感覚で操作できるようにする。

あるいは、あらかじめ用意された部屋やパーツを適当に選んで組み合わせてつくるのでもよい。見たり触ったりしたことがある人は、『マインクラフト』や『あつまれどうぶつの森』のようなゲームソフトの仕組みを連想してもよい。ともかく、そのようにして、デスクトップ上に三次元のグラフィックスで、建築物をつくれるようにする。ユーザーは、いつでも好きなときにこの建築物に手を加えたり改築したりできる。

そして、ユーザーは従来のＯＳのようにデスクトップの平面上でフォルダを開くのとは違って、この建造物の中を歩き回る。入口から玄関へと入り、また別の部屋へと連続的に移動してもよいし、平面図を表示して、選んだ部屋に瞬間移動するのでもよい。この建造物の中を移動できるのがポイントである。もう話の行き先が見えてきただろうか。

もしあなたが馴染みのある建物を造った場合、デスクトップのこの建造物も、すでに各部屋のつながり方や配置を知っているだろう。いまいる部屋だけでなく、階段を上がるとどうなっているか、キッチンに隣接している部屋はどんな具合かを見に行くまでもなく思い浮かべられる。

ユーザーは、この建造物の内部に棚を設置できる。見た目もサイズも自分の好みで造ってよい。棚を設置したら、そこにフォルダやファイルを並べられる。これは現在のＯＳで使っているフォルダやファイルに相当するものだ。

ただし、その見た目は、やはりユーザーが一つひとつカスタマイズできる。文具店で手に入るような現実のフォルダやファイルのような見た目にして、背表紙にラベルやシールを貼って区別してもよい。あるいはお菓子の化粧箱や、本の装幀のようなデザインにしてもよい。これもソフト側であらかじめ多様な外装を用意しておく。ユーザーが自分でデザインしてもよい。

一つひとつを変えるのが面倒であれば、まずは一括して「ＰＤＦはＡタイプ」「ｔｘｔファイルはBタイプ」「WORDファイルはCタイプ」「Photoshopファイルはタイプ」などとファイルの外見を決めてもよいだろう。その際は、サイズも変えられるようにしよう。これらのフォルダやファイルのグラフィックスも三次元モデルでつくる。

このようにデザインしたフォルダやファイルを、建造物の好きな棚に並べることができる。並べ順も自由なら、置く位置も自由である。命令されない限り、ソフトが勝手に並べ替えたりしない。ユーザーが置いた通りに置かれる。要するに、自分の部屋の模様替えをしたり、書棚に本を並べたりするのと同じ感覚である。

それぞれのフォルダやファイルには好きなだけタグを付けることもできる。

タグとは、SNSなどでよく使われる手法で、投稿するテキストや画像に「#game」「#book」などと添えることで分類を施せる。このタグを選択すると、同じタグのついたファイルをまとめて呼び出せる。これは喩えるなら、図書館で書架から集めた本をブックトラックに載せてまとめるようなものだ。

もちろん従来のOSと同様、どの場所からでもフォルダやファイルの検索をかけることができる。検索結果はリスト形式でレポートされてもよいし、ブックトラックに自動的に集められてもよいし、もともとそのフォルダやファイルが置かれた場所で、「これですよ」と分かるように点滅するなどしてもよい。

このようにして、三次元空間に自分の居場所のような部屋をつくって、そこに手を入れながら使っていくわけである。これは単純といえば単純な仕組みだが、単なる平面と比べて、空間の記憶を使うことができるので、ユーザーの脳裡にもどこになにがあるかという見当識をつくりやすいと思われる。

さらに他の感覚を用いるなら、部屋ごとに音楽や背景音を設定できるようにしてもよい。このデスクトップ内世界にも、時間とともに陽が昇り沈む仕組みがあってもよいだろう。地球上（あるいはお好みなら他の天体や架空の世界）の位置を指定すれば、その土地の日の出／日の入り、あるいは天候に合わせて変化してもよい。この仕組み自体は、どこまで記憶の材料となるか分からないが、なんの変化もない状態と比べて、起伏が生じるのは間違いない。

フォルダやファイルは、あまり手に取らない（使わない）と埃をかぶり、よく使うものは本などと同じようによれたり少し変色したりする。従来のＯＳでは、フォルダやファイルが経年劣化したり摩滅したりすることはなく、永遠に同じ状態が保たれていたが、知識ＯＳでは、使い方や時間とともに見た目にも変化が現れるようにするわけである。

では、肝心の厖大なファイルはどうするのか。

一万のファイルを限られた平面で眺めるのは無理がある。これは先に見た通り。しかし、一万冊の本を空間に並べるのは、実はそれほど大袈裟な話ではない。そして、空間に立体的に並べた場合、馴染みの書店の棚や、自分の書棚の場合と同じ効果を期待できる。そう、空間のどのあたりか、そこにある棚の上から何段目か、そのあたりはなんの本が置いてあるコーナーか。こういう見当識どこになにがあるか、という認識を期待できるだろう。

　では、一万のファイルを知識ＯＳではどう表現するか。

　ここまでに述べた仕組みの延長線上で解決できる。すでにつくってあるデスクトップ内世界の建造物に、図書館を併設する。一万冊を置くなら、それなりの広さが欲しい。なんなら、世界の美しい図書館や書店をお手本に、そういう空間を造ってもよい。最初の建造物をつくったのと同じ要領で図書館をつくる。そして、そこに一万のファイルを配置する。はじめは面倒だろうから、指示すれば適当に棚に並べることにする。

　先ほど述べたように、ファイルごとにタグを付けていけば、「#mathematics」のタグがついたファイルはこの辺に集めて、とか、「#cinema」のタグがついたファイルはこっちに移動して、といったことも簡単にできるようになる。

　一万の電子化した本のファイルをため込むような人であれば、それを並べることも楽しめるかもしれない。なにしろ自分だけの図書館があって、その棚に好きなようにものを並べてよいのだから。しかも全てのファイルは、ちゃんと背が見えるように並べられる。現実の部屋のように、棚に収まらない本を床から積み上げたりしなくてもよい（そうしたほうが落ち着くならそういうふうにしてもよい）。本の雑誌社から出ている蔵書家たちの書棚写真集『絶景本棚』を参考に、居心地がよさそうな図書館にするのも自由だ。

一万ともなると、少し時間はかかるだろうけれど、庭に手を入れるようにして、配置をしてゆくうちには、繰り返し訪れるその空間自体が馴染みの場所になり、長期記憶に記銘される。そうなればこちらのものだ。「ええと、映画関係の本は、あのあたりだったな」とか「マンガコーナーはこっちだったな」という土地勘ができて、頭のなかに図書館のマップができあがるだろう。

いま述べたことは、自分のコンピュータの記憶装置に保存されているフォルダやファイルを念頭に置いて考えた。この仕組みを応用すれば、ウェブ上にある各種リソース（資源、材料）も、同じようにして、このデスクトップ内空間の建造物に配置できる。

例えば、「東京国立博物館のアーカイヴにある「e国宝」の刀剣コーナーを、寝室のこの場所に置いておこう」とか、「論文データベースCiNiiで『記憶』を検索した結果が、常に書斎のこの棚に並ぶようにしておこう」といった使い方もできる。ネット上の資源も、自分のデスクトップの建造物に配置すれば、これもまた空間に位置づけられる。

従来はとりとめもなく、どこか知らないけどどこかにあるウェブページ、という感覚しか持てなかったリソースを、自分の馴染みの空間に関係づけて、やはり記憶しやすい状態にできるだろう。テキスト、画像、音楽、動画、ゲーム、アプリ、その他なんであれ、コンピュータやインターネットで扱える要素は、同じように扱える。

知識ＯＳでは、こうしたデスクトップ内世界の変化を常に記録しており、いつでも希望する瞬間まで時間と状態を巻き戻すこともできる。少し複雑になるが、ある時点から時間軸を並行させて、マルチヴァース宇宙論のように、世界線Ａと世界線Ｂを分岐させ、両者を別の場所として行ったり来たりするような使い方もできる。

ご希望なら、この空間にサポート用の人工知能キャラクターを住ませてもよい。

このキャラクターは、新しくつくったファイルがあると、「これは、閲覧室の大きな棚にある、レシピブックコレクションのものと似ていますね。そちらに置いておきましょうか？（Ｙ／Ｎ）」とか「先ほどの検索ですが、マキャヴェッリは見当たらなかった代わりに、マキアベリというのがありました。これはなにか関係ありますか？（Ｙ／Ｎ）」などと問いかけてきて、そのつどイエス／ノーで答えていくと、徐々に学習していく。もちろん、いろいろな仕事を任されるたびに、この空間についても学習を重ねて、ユーザー自身が気づかないようなことも教えるようになる。

「この翻訳中のファイルですが、これをお使いになるときは、ほとんどいつも英和辞典アプリを一緒にお使いのようですね。次から、このファイルで作業するときは自動的に英和辞典も起動しましょうか（Y／N）」などと言ってきたりするわけである。

などと思いつきを書けば、そんなのはアイデアとして言うだけなら簡単だけど、実際につくるのは大変なんじゃないの？　と思うかもしれない。

むしろ、こうした機能というものは、アイデア次第である。

この空間でユーザーがなにをしたくなるか。どんな機能があれば、もっと便利だったり、ものを把握しやすくなったりするか。そうした観点から、アイデアを出せば、つくって試すこと自体はそう難しくはない。なんなら、ユーザーが自分で設定して学習させた人工知能キャラクターを、友人にコピーして分けてあげたりしてもいい。

これで最後にするが、いま述べてきた知識ＯＳは、ディスプレイ上の表現のためのものだった。

これに加えて、ヴァーチャルリアリティ（VR : Virtual Reality）や拡張現実（AR: Augmented Reality）を活用する方法もあるだろう。

ＶＲは、ここまでのアイデアでは、ディスプレイ上で表現していたものを、頭に装着して視野を覆うＨＭＤ（ヘッドマウントディスプレイ）に投影して、ユーザー自身がデスクトップ空間内を自分で歩き回る形で表現するものだ。

他方のＡＲのほうは、スマートフォンでもディスプレイつきのメガネでもよい、自分が住んでいる空間に対して、知識ＯＳの仕組みを投影して使えるようにするものだ。例えば、自室の目の前の壁には実際にはなにもないのだが、スマートフォンのカメラを通じて見ると、知識ＯＳによる棚が設置されていて、そこにファイルが置かれている。あるいは、その棚のあいだにドアがあり、そのドアをくぐると、その先には広い図書室がある。そこへ移動すると、現実空間の目の前の壁に、その図書室が投影される、という具合である。

これらは既に実現されている各種の装置とソフトウェアを使えば、すぐにでもつくれるだろう。

——という具合に、知識ＯＳの基本的なアイデアを述べてきた。

これを読んで、そういうものがあったら使ってみたいという人もあれば、いやいや、なんでわざわざそんな面倒なことをしなくちゃならないのよ、と感じる人もあるだろう。現在のＯＳで十分事足りている人にとっては、知識ＯＳは余計な表現と操作の手間を加えるものに見えるかもしれない。

しかし、先に述べたように、現在のＯＳではうまく物事を人間の身の丈にあった形にしづらいと感じたり、もっと自分の記憶に資する道具にしたいと思ったりする場合、ここに述べたような空間表現やその変化、あるいはそこに自分で手を加えてカスタマイズしていくといったプロセスは有効であると考える。

なるほどそれは面倒といえば面倒なことかもしれない。それを捉えて言うなら、その手間とかかる時間こそが、記憶にものごとを定着させるために必要なものだとも言えるだろう。というわけで、私自身はここに書いてきたような仕組みを実際に使えるようにしようと設計と実験を進めているところだ。

7-9 知識アトラス

もう一つ、知識ＯＳに備わっていたらよいと思うツールについて述べてみる。それは、知識の出典を辿れるようにする仕組みだ。

中高生の頃、しばしば教科書を読みながら思ったことがある。

ここに書かれている数学の公式は、誰がどんなふうに発見したのだろう。それはどこのどんな文書に書いてあるのだろう。ここに書かれている歴史の出来事は、なぜこのように記述できるのだろう。この人物が実在して、このような行いをしたということは、どこのどんな史料や遺物に残されているのだろう。

つまり、教科書に書かれた知識は、なにを根拠にそう言えるのか、妥当だと考えられているのかということをしばしば疑問に感じた。私が学んだ教科書に載っていることの多くは、出典が書かれているわけではなく、言ってみれば「そういうことになっている」という体で書かれていた。ただその頃は、だからといって自力では調べられず（まだインターネットも使えない時代でもあった）、そうした疑問はしばらく放っておかれた。

大学を出て会社勤めをする頃から、比較的自由に本を探し読んだりできるようになり、インターネット上にも各種の資料が公開されるようになって、そうした知識のルーツを調べることがやりやすくなった。

例えば、「哲学」や「物理」という学問は、いまでこそ独立した一つの領域のようになっているし、それを表す日本語もある。しかし、はじめからそうだったわけではなさそうだ。では、いつどのようにしてこうした学問が日本でも行われるようになったのか。あるいは、それ以前、これらの学問はどのような歴史を辿ってきたのか。そういう疑問を持っていた。

調べるうちに、幕末から明治期にかけて活動した西周《にしあまね》という知識人の名前と彼が書き残したものに行き当たった。よく知られていることではあるが、彼は「哲学」という日本語をはじめ、いまでも使われている各種の学術用語を、ヨーロッパの諸言語から翻訳した人だった。日本語の恩人の一人である。

彼が開いていた私塾で行った講義「百学連環」は、弟子による筆記録と西本人の覚書が残っている。これを読むと、西周が、当時まだ翻訳語が揃っていなかったヨーロッパの諸学術について、一方にはウェブスター英語辞典などを置き、他方には慣れ親しんできた漢籍、つまり中国の古典を置いて、さまざまな言葉を翻訳した様子が見てとれる。

例えば、「哲学」という言葉は、英語のフィロソフィー（philosophy）を漢籍に由来する語で訳したものだが、その際、西は英語のフィロソフィーの語源である古典ギリシア語のピロソピア（φιλοσοφία）の意味「知ることを愛する」に立ち戻って翻訳に取り組んでいる。★15

あるいは、物理の教科書に「運動方程式（F=ma）」が出てくる。

これはアイザック・ニュートンが発見したものだ、ということは授業でも教えられるだろう。では、実際にはニュートンは、どこでどのようにこの方程式を説明しているのか。元を辿れば、ニュートンがラテン語で書いた『自然哲学の数学的原理（プリンキピア）』（一六八七）という本に現れる。といっても、同書を開いても、どこにも「F=ma」という表記はない。ただ「公理」のパートに「法則II」として文章で書かれているだけである。また、『プリンキピア』を読む人は、現在私たちが知っているニュートン力学の方程式のようなものを期待するかもしれない。しかし実際には、ニュートンは幾何学の証明のように書いている。

以上はほんの一例である。高校までに学ぶ知識だけでなく、人類がこれまで発見してきた多様な知識について、その気になれば、それがどのような論拠に基づいているのかを、手軽

★15――西周の「百学連環」講義については、拙著『「百学連環」を読む』（三省堂）で詳しく検討している。

に確認できるようにしたい。これがもう一つのツールのアイデアの基本だ。これを「知識アトラス」と名付けておこう。[★16]

この知識アトラスはどう働くか。

例えば、コンピュータ上やインターネット上でテキストを読み書きするとき、知識アトラスを有効にしておくと、テキストに含まれる知識（言葉や命題）について、それが実際にはどの文献や史料に基づくものなのかが判明しているものについては下線が付される。ユーザーがその知識（言葉や命題）を選択すると、新たにウィンドウが開いて、その典拠となる文献や史料が提示される。それらがネット上にある場合には、その文献へのリンクも提示される。また、典拠だけでなく、その知識が専門家のあいだでも合意されていないような場合、反論や別の仮説を示した文献も示唆される。

もちろん、知識アトラスが示す典拠を自分で確認するかどうかは、ユーザー次第だ。典拠はいつでもユーザーの母語で書かれたものとは限らない。ただ、このようにすることで、希望する人は、いつでも或る知識について「なぜそのように言えるのか」という典拠を確認できるわけである。

この仕組みは、人の知的好奇心を満たすだけではない。いっそう実用的な用途にも使える。

例えば、この文章を書いている二〇二〇年の夏は、前年末から新型コロナウィルス感染症

（COVID-19）が世界に広がり、なおも世界中が対応に追われている最中だ。どのようにするのがよいのか、人によって意見が分かれており、ネットには虚実の不確かなテキストもさまざまに公開されている。こうした場合、知識アトラスは、このような情報について、人びとが共通の論拠に立って検討する助けともなるだろう。Twitterの典拠の怪しいツイートなども、知識アトラスの補助によって、検討しやすくなると考えられる。

　この知識アトラスを実現する上で必要となるのは、いま述べてきたような、ある知識に対してその論拠となる文献や史料を関連づける作業である。それは誰がどのように行うのか。また、誰がその関連づけの妥当性を保証するか。ここは慎重な検討を要するところだ。

　まずは機械学習のアルゴリズムを使って、自動的に関連づけを施す。ただし、その状態は「未確認」状態に留まる。知識アトラスの表示上でも、「未確認」であることを警告する表記を入れる。

　そして、各分野の専門家が記名の上で、アルゴリズムによって或る知識に自動的に関連づけられた文献や史料の情報が妥当であるかどうかを判定する。妥当であれば、その関連づけ

★16――かつて、学術における知識の関係を一望できるマッピングシステムのアイデアを「学術アトラスの構想」（『大学出版』第一一七号、大学出版部協会、二〇一九）に書いたことがある。ここに述べる知識アトラスの姉妹システムである。

は「確認済み」となる。妥当でない場合、可能なら、より妥当な文献を人間が示す。もちろん専門家でも、判断が分かれる場合もありうる。いったん「確認済み」となった関連づけについても、他の専門家が判断保留に差し戻したり、再検討をかけたりすることもできる。

なぜこの作業を専門家に限るかといえば、専門知の妥当性を判断できると期待されるからだ。論文やなんらかの文章を書く際にも、知識アトラスによるチェックを入れることで、論拠の怪しい点を事前にあぶり出したり、逆に先行研究が稀薄な領域を発見したりする参考にもなると考えられる。

同様のことを、日々の出来事のニュースについても行えば、本書の冒頭で述べたフェイクフルネスの状況への対抗の一助ともなるだろう。なによりも、インターネット上に虚々実々の情報やデータが溢れる世界で、必ずしもそうした虚偽を判断するために必要な知識ももたず、トレーニングも積んでいない、いわば丸腰の私たちが、不用意に騙されたり、煽られたりしないためにも役立つだろう。

以上に述べたような知識アトラスの仕組みは、社会のエコロジーに大きく関わるものだ。日常的なニュースやおしゃべりから、商品の広告、学術研究や政策決定など、社会のさまざまな場面で有益であると思うがどうだろうか。

終章　記憶の未来

　このエッセイでは、インターネットと人工知能によって、かつてない規模で虚実の定かならぬ情報やデータが増え続け、拡散される情報環境のなかで、自分の記憶をどのように世話するか、記憶をデザインできるか、という課題について考えてきた。

　その際、そもそも私たちの記憶は、どのような条件でつくられているのかについて、自然、社会、技術、精神の四つのエコロジーという見方によってこれを整理した。また、「記憶のデザイン」という観点から、そのためにコンピュータを使うには、どんなアイデアがありうるか。こうしたことを検討してきた。

これから先はどうなるだろう。誰にも未来をぴたりと言い当てることはできないが、少なくとも、私たちが目下置かれている情報環境、技術のエコロジーの影響はますます大きくなると想像できる。インターネットは膨張を続け、さらに高度化した人工知能がさまざまに活動するかもしれない。

　そうなったとき、私たちは、どのように自分たちの記憶を世話すればよいだろうか。あるいは、もはやそうした心配すら要《い》らない状態になるだろうか。

　思うに自分たちの記憶の世話をするということは、自分たちのあり方を世話することでもある。いまさら言うことではないかもしれないけれど、自分たちはどうありたいかによって、記憶の扱い方も変わってゆくだろう。

　他方で、技術は、そうした思惑とは関係なく、それを使う私たちの権内／権外の境界線を変え、気づかないうちにものの見方も変わっていた、ということもありうる。それは例えば、インターネットの利用によって、自分の生活や考え方がどう変わってきたかを振り返ってみても分かるかもしれない。あるいは、すでにどう変わったのかも分からなくなっているかもしれない。そのことについて、なにか記憶の手がかりは残っているだろうか。

　本書で述べたのは、ごく簡単なアイデアではあるが、長い時間を過ごす部屋に置くモノとその配置を工夫し、他方でコンピュータの使い勝手を人間の身の丈にあわせるようなツールを開発し、使うことによって、記憶のあり方を捉え直すきっかけになるのではないかとも考えている。

それにしても、もう一度言えば、なにをどうするかは、自分たちの記憶をどうしたいのかによる。あなたはどうだろうか。

おわりに

本書は、書き下ろしによるエッセイです。「はじめに」でも書いたように、試論、試しに考えてみるという意味でのエッセイであります。「記憶のデザイン」というテーマについて、いま私が考えていることを書いてみました。

この本には、着想のもととなった文章があります。大林寛さんと浅野紀予さんが運営するウェブメディア「EKRITS／エクリ」からの依頼を受けて書いた「記憶のデザインのために――来たるべき知識環境の構想」（二〇一五年一〇月八日掲載／http://ekrits.jp/2015/10/1779/）という文章です。

筑摩書房の石島裕之さんと話すなかで、このエッセイに触れて、ここに書かれていることをさらに詳しく展開するとどうなるだろうか、それを本に書いてみようという話になったのだと記憶しています（と言いながら、ちょっとあやふやです）。

記憶について新しい知見を提供しようというのでもなく、既存の知識を整理しようというのでもなく、どうしたら目下の環境で自分が不如意を感じている記憶のあり方について、なにか物事をよい方向へ変えられるだろうか。この課題を巡ってあれこれ考えてみました。

執筆にあたっては、それなりに長いあいだ関心をもってきたテーマであるだけに、さまざまな文献や事例を準備していたのですが、いざ蓋を開けてみると、その一部に触れるに留まりました。今回検討できなかったことについては、いずれ別の機会に考えてみるつもりです。

＊

本書は、先にもお名前を挙げた石島裕之さんの企画・編集によるものです。石島さんには、吉川浩満くんとの共著『その悩み、エピクテトスなら、こう言うね。』（筑摩書房、二〇二〇）に続いてお世話になりました。ありがとうございます。表紙に著者の手書きの文字を使うというアイデアは、デザイナーの神田昇和さんによるものです。

私としては、本書にアイデアを記した「知識ＯＳ」を、なにより自分のために開発したいと考えて、少しずつ作業を進めています。自分が必要だと感じるツールを自分のためにつくること。これはコンピュータの最たる使い方でもあります。つくって使ってみて、なにかしら有効性を感じれば、みなさんにお目にかける機会もあろうかと思いますが、はてさてどうなりますか。

どこへ向かうのか分からない、このような試行錯誤の記録におつきあいくださり、ありがとうございました。なにかしら刺激や考える手がかりになることがあれば幸いです。お手にとってくださったあなたに感謝をお伝えしたところで、終わりたいと思います。またどこかでお目にかかれるときまで、ご機嫌よう。

二〇二〇年七月三一日

山本貴光

山本貴光 やまもと・たかみつ

一九七一年生まれ。慶應義塾大学環境情報学部卒業。コーエーでのゲーム制作を経て、文筆家・ゲーム作家。金沢工業大学客員教授、立命館大学大学院先端総合学術研究科講師。関心領域は書物、ゲーム、学術史など。著書に『コンピュータのひみつ』（朝日出版社）、『文体の科学』（新潮社）、『「百学連環」を読む』（三省堂）、『文学問題（F+f）+』（幻戯書房）、『脳がわかれば心がわかるか』（吉川浩満との共著、『心脳問題』の増補改訂版）、『投壜通信』『マルジナリアでつかまえて』（以上、本の雑誌社）、『その悩み、エピクテトスなら、こう言うね。』（筑摩書房）のほか、ちくまプリマー新書に『問題がモンダイなのだ』（吉川との共著）、『ゲームの教科書』（馬場保仁との共著）、『世界が変わるプログラム入門』、『高校生のためのゲームで考える人工知能』（三宅陽一郎との共著）がある。訳書にジョン・R・サール『M・i・N・D』（吉川との共訳、ちくま学芸文庫）など。「哲学の劇場」主宰。
twitter @yakumoizuru

筑摩選書 0198

記《き》憶《おく》のデザイン

二〇二〇年一〇月一五日　初版第一刷発行

著　者　山本貴光《やまもとたかみつ》

発行者　喜入冬子

発行所　株式会社筑摩書房
東京都台東区蔵前二-五-三　郵便番号 一一一-八七五五
電話番号　〇三-五六八七-二六〇一（代表）

装幀者　神田昇和

印刷 製本　中央精版印刷株式会社

ISBN978-4-480-01717-8 C0304